나의
프루스트

일러두기

- 각 필자가 참조하는 『잃어버린 시간을 찾아서』 판본은 프랑스 및 국내 출판사 등 다양하며, 이는 각주로 밝혔습니다.
- 단행본으로 출간된 책의 제목은 『 』, 단편과 시, 기사의 제목은 「 」, 잡지와 신문, 영화, 음악 및 미술 작품의 제목은 〈 〉로 표기했습니다.

나의 프루스트

삶의 슬픔과 희열,
예술과 위로를 알려준
우리들의 프루스트를 찾아서

유예진
엮음

김주원 백로우 봉준수
오선민 유예진 윤혜준 이형식
최건영 최미경 최양현 글

현암사

차례

머리말

마르셀 프루스트가 사망한 지 백 년이 넘었지만, 그의 소설 『잃어버린 시간을 찾아서』는 그 어느 때보다 인기가 높은 듯하다. 세계 유수 대학 도서관이 선정하는 필독 도서 목록에 『잃어버린 시간을 찾아서』는 거의 빠짐없이 매번 등장하며, 프루스트의 소설에 경의를 표하고 프루스트의 글쓰기에서 영향을 받았음을 고백하는 작가들의 목록은 길다.

한국에는 1970년대에 시인이자 불문학자인 김창석 선생님의 번역으로 처음 『잃어버린 시간을 찾아서』가 소개된 이래 일부 소수 독자층을 형성해 오다가, 2010년대 들어 여러 역자들의 헌신과 열정 덕분에 새로운 번역본들이 선보임으로써 국내 독자들은 '우리 시대의 프루스트'를 맞이하게 되었다.

아마도 이 이유가 가장 크겠지만 프루스트 전공자로서 내가 느끼는 것은 최근 십여 년 동안 프루스트에 대한 국내 새로운 독자층의 수요가 놀랄 만큼 늘어난 사실이다. 독서 모임에서는 프루스트 함께 읽기가 유행이고, 도서관과 문화

공간 등에서는 프루스트 강연이 지속적으로 개설된다. 서점에는 프루스트 관련 도서가 꾸준히 등장한다.

그럼에도 여전히 『잃어버린 시간을 찾아서』는 많은 독자에게 너무나 길고 어려운 소설로 여겨진다. 대체 왜, 뭐가 어떻길래 그렇게들 대단하다고 하는지 그 명성을 견인하는 힘을 느끼고 싶고, 그 감동을 향유하고 싶은 마음에 읽기에 도전했다가 숙제하듯 억지로 책장을 넘기거나, 도중에 읽기를 중단하는 경우가 허다하다.

이 책은 그래서 열 명의 필자가 모여 각자 고유의 시선과 개성으로 『잃어버린 시간을 찾아서』를 풀어낸다. 프루스트 소설의 다채로운 매력을 보여주고, 그것을 읽는 다양한 가능성을 제시한다. 프루스트 전공자들이 모여 쓴 학술적인 논문 모음집이 되고 싶지는 않았다. 필자는 각자 저마다의 전문 분야에서 활동하는 순수한 프루스트 애독자여야 했다. 형식이나 문체에서 통일성을 추구하지도 않았다. 이 책의 독자는 열 편의 글 모두를 읽을 필요도 없고, 순서대로 읽을 필요는 더더욱 없다. '나의 프루스트'는 '당신의 프루스트'와 다를 수밖에 없다. 프루스트도 "모든 독자는 책을 읽을 때 자기 자신을 읽는 독자다"라고 하지 않았던가.

각 필자에게 최대한 자율성을 허용하되, 두 가지 기준을 제시했다. 첫째는 자신이 선정한 하나의 주제를 통해『잃어버린 시간을 찾아서』를 풀어내기. 둘째는 아주 조금이라도 '나'의 목소리를 넣기.

이형식 선생님은 한국의 1세대 프루스트 연구자로서 30년이 넘게 서울대학교 불어교육과에 재직하면서『마르셀 프루스트-희열의 순간과 영원한 본질로의 회귀』,『프루스트의 예술론』,『작가와 신화-프루스트의 신화 세계』 등을 집필했다. 또한 6년에 걸쳐『잃어버린 시절을 찾아서』를 완역하고, 펭귄클래식에서 출간했다. 이때 번역가로서 붙인 섬세한 주석과 작품 해설은 21세기 새로운 독자들을 프루스트의 세계로 안내하는 데 중요한 역할을 하고 있다. 이 책에는 선생님의 번역본에 실린 작품 해설 중 프루스트 소설에 나타난 중세적인 미덕, 그리고 고대 율법의 대변자인 듯한 프랑수아즈라는 인물을 다룬 글의 일부를 재수록한다. 이번 기획을 가장 적극적으로 격려해 주신 이형식 선생님께 이 자리를 빌어 깊은 감사의 마음을 전한다.

최양현 선생님은 일제 강점기 시절 조선인 청년으로서 남방에서 포로감시원으로 지낸 외조부의 육필 원고를 손수 재구성하고 해제한 르포르타주 『1923년생 조선인 최영우』의 저자이다. 또한 그는 이 작품을 각색하여 연극화하기도 한 극작가 겸 연출가다. 여러 영화, 다큐멘터리, 연극 등을 제작하고 각본을 쓰는 그가 블로그에 20여 년에 걸친 『잃어버린 시간을 찾아서』 완독기를 연재했고, 이번 기획에 흔쾌히 동참했다. 이 책에 실린 그의 글 「언젠가는 해야 할 일에 대하여」를 읽으며 가까운 미래 어느 날, 프루스트 소설이 대학로의 한 소극장에서 공연되는 꿈을 꾸는 행복을 누렸다.

김주원 선생님은 프루스트와 음악이라는 주제로 박사학위를 받은 후, 최근 대학 강단에 자리를 잡고 활발하게 활동을 하는 프루스트 연구자다. 또한 그는 다양한 무대에서 피아노를 연주하는 피아니스트다. 그런 그가 이번 책을 위해 쓴 「프루스트에게 피아노에 대해 배운 것」에는 프루스트가 어떻게 한 연구자에게 진지함을, 연주자에게 감수성을, 인간에게 지향해야 할 가치를 가르쳐주었는지 드러난다. 더불어 소설 속 마르셀과 외할머니의 관계가 그가 외할머니와 맺었던 관계에서 되살아남을 볼 수 있다. 김주원 선생님이 아직 석사과정생이던 시절, 그의 학위논문 심사에 참여했던 게 엊그제 같은데, 어느새 무한한 잠재력을 지닌 연구(주)자가 되어 돌아온 모습을 보니 소설 마지막 장면에서 주인공이

'시간의 가면'을 쓰고 나타난 지인들을 보며 깜짝 놀라듯, 나 또한 시간의 흐름을 절실히 느낀다.

봉준수 선생님은 다양한 영미 모더니즘 작가들에 비추어 「길이를 화두 삼아」 프루스트 소설의 묘미를 분석한다. 프루스트 작품의 핵심은 묘사되는 외부 대상이 아니라, 설화자가 이야기를 전개하는 방식에 있고, 결국 설화자의 서사 기제는 그 자신 자아의 의식 창조에 다름 없음을 밝힌다. 더불어 "거대한 공룡 같은 프루스트의 소설"을 보다 즐겁게 읽기 위해서는 읽은 것을 잊어버리는 망각, 하물며 잘못 읽는 오독조차도 독서 경험의 일부로 받아들이고, 설화자가 아닌 자기 자신을 읽어내는 쪽으로 독서의 초점을 이동하기를 제안한다. 내가 대학생이었을 때 수강한 봉준수 선생님의 영문학 강의는 예리한 분석, 따뜻한 인간미, 유쾌한 유머 삼박자가 어우러진, 그야말로 매시간 문학의 즐거움을 안겨준 수업이었고, 선생님은 내 마음속 '키팅 선생님'이었다.

최미경 선생님은 한강, 황석영, 김연수, 이승우 등의 작품을 프랑스어로 뛰어나게 번역하여 한국 문학의 위상을 세계 문학장에 제고한 데에 크게 기여한 번역가이자, 각종 국제회의 및 정상회담에서 동시통역사로 활동하고 있다. 프루스트의 작품도 여럿 번역한 그녀가 「작가의 책무: 세상과 행복, 애도를 번역하기」에서는 한 개인으로서 소중한 존재들을 떠나보낸 상실과 애도의 과정에서 프루스트가 어떻게 다시 삶에 되돌아올 수 있도록 손잡아 주었는지를 이야기한다. 프루스트는 타인의 죽음, 그리고 나의 죽음조차 극복할 수 있음을, 그것이 가능함을 알려준다. 나는 작가 겸 번역가를 꿈꾸던 대학원생 시절, 최미경 선생님의 통번역 수업을 들었다. 선생님의 지성과 용기를 흠모했고, 그 반의 반만이라도 닮고 싶었다.

백로우 선생님의 「프루스트와 죽음」은 태어난 세기도 다른 먼 이국의 한 개인을 프루스트가 어떻게 '구원'할 수 있는지 보여준다. 삶이 온통 잿빛으로 보일 때, 남은 것은 오로지 존재의 허무와 공허뿐이라고 생각될 때, 프루스트의 문장은 거짓말처럼 삶에 희망을 느끼게 한다. 무언가 강렬한 기쁨이, 남모를 희열이 저 모퉁이를 돌면 나를 반길 거라는 약속을 하는 듯하다. 경상북도 안동의 고즈넉한 산속에서 백로우 선생님은 그렇게 '뒷줄'에서, 하지만 그 누구보다도 가장 높은 곳에서 프루스트와 더불어 인간과 삶을 관조한다. 대학 부임 초창기, 나의 문학 수업 강의실에 앉아 계셨던 백로우 선생님은 당신보다 어린 강의자였던 내가 얼마나 어수룩해 보였을까? 그래도 선택적 친화력의 상호작용을 믿었고, 이번에는 공저자라는 새로운 관계로 인연을 이어간다.

폴란드와 러시아 문학 전공자인 최건영 선생님은 연세대학교 교양과목으로 진행 중인 '세계문학 감상여행' 수업에서 최근 10년 동안 무려 다섯 학기를 프루스트의 장편소설 전체를 완독하는 데 할애했다. 대형 강의실을 가득 메운 백 명이 넘는 수강생들을 들었다 놨다 하는 열정적인 강의로 이 교양과목은 대학생들 사이에서 입소문을 타게 되었고, 조금 (많이) 과장해서 신촌 캠퍼스는 '프루스트를 읽은 자와 읽지 않은 자'로 나뉘게 되었다. 최건영 선생님의 「프루스트의 도스토옙스키」는 세계문학이라는 망망대해에서 프루스트의 자리를 새삼 되새기게 만든다. 광화문에서 파리와 중부유럽을 거쳐 시베리아까지, 고대에서 중세와 르네상스를 거쳐 21세기에 이르기까지 드넓은 시공간을 날았다가 돌아온 느낌을 준다.

5개 언어로 세계문학을 자유롭게 넘나들며 영문과 및 비교문학협동과정 대학원 등에서 다양한 유럽 고전 작품을 강의하는 윤혜준 선생님은 「읽다 말다 또 읽다: 버지니아 울프의 프루스트」를 통해 울프의 일기에서 발견되는 프루스트의 흔적을 추적한다. 울프에게 프루스트는 경외감과 거부감을 동시에 일으켰다. 모방하고 싶으면서도 멀리해야 할 작가였다. 이와 같은 애증 관계를 볼 수 있는 울프의 일기는 그녀에게 프루스트 읽기가 작가로서 자신의 목소리를 찾아가고 이를 글쓰기로 빚는 데 상당한 영향을 끼쳤음을 증명한다. 윤혜준 선생님과 같은 직장에서 근무하면서 선생님의 연구자로서의 놀라운 업적과 교육자로서의 학생 지도 수행력을 목도하는 것은 큰 자극이고, 언제나 존경과 감탄을 불러일으킨다.

오선민 선생님은 프루스트를 읽고 작가로서의 소명을 실현하게 된 과정을 『잃어버린 시간을 찾아서: 되찾은 시간 그리고 작가의 길』이라는 저서에서 밝힌 바 있다. 선생님에게 프루스트 소설은 글을 쓰고 싶은 욕망을, 글을 쓸 수 있다는 용기를 준 책이다. 「프루스트에게 배우는 일상의 글쓰기」에서 오선민 선생님은 하루하루를 소중히 여기고, 작은 것에서 행복을 발견하고, 나와 세상을 잇는 글쓰기의 매 순간에 프루스트를 만난다. 그녀에게 프루스트는 삶과 글쓰기의 동반자이자 등대다. 이번 기획에 동참을 문의드렸을 때 선생님은 한 번도 제도권 안에 속해 본 적이 없다고 주저하셨다. 이런 분의 시선으로 읽는 프루스트야말로 '나만의 프루스트'를 넘어 '우리 모두의 프루스트'를 가능하게 한다고 믿는다.

내게 프루스트는 아웃사이더이고, 『잃어버린 시간을 찾아서』는 비주류 소설이었다. 그래서 프루스트에게 동질감을 느꼈다. 그의 소설이 초기 평단과 대중의 몰이해의 대상에서 이보다 더 극적일 수 없는 반전을 통해 세계 문단 최고봉에 오른 과정은 심장을 두근거리게 했고, 이 세상 모든 비주류의 승리처럼 다가왔다. 내게 프루스트의 집념의 글쓰기는 인간의 의지가 얼마나 위대할 수 있는지 보여주는 것이고, 어떤 시련에도 포기하지 말라는 가르침이다. 마르셀의 여정은 인간을 보다 따뜻하게 볼 수 있는 시선과 포용력을 키워주었다. 앞으로 또 이런 소설을 만날 수 있을까 싶을 만큼 『잃어버린 시간을 찾아서』는 내게 특별하고 고마운 존재다.

롤랑 바르트는 침대 머리맡에 둔 성경과도 같이 수시로 『잃어버린 시간을 찾아서』를 꺼내 아무 곳이나 펼쳐 읽곤 했다고 전해진다. 그런 바르트가 비평가로서 전기 단계에서는 프루스트를 해체하고 분석하여 소설이라는 구조 뒤에 숨은 법칙을 발견하려 했다면, 후기 단계에서는 '나'와 프루스트를 심정적으로 연결시킴으로써, 마침내 자신의 삶에 프루스트를 온전히 받아들일 수 있었다.

이제 한국의 독자도 프루스트와 감정적, 정서적 연결고리가 형성될 만큼 프루스트 소설과의 심리적 밀착도가 강해졌음을 알 수 있다. 어느 무더운 여름밤, 갑자기 구상하게 된 이 무모한 기획에 감동적일 만큼 긍정적인 호응과 애정 어린 응원을 보여준 필자들, 그리고 언제나 든든하고 고마운 현암사 덕분에 일은 놀랄 정도로 수월하게 진행되었고, 첫 구상 이후 1년 반 만에 세상에 나온 이 책이 앞의 사실을 증명한다.

2026년 1월
유예진

길이를
화두
삼아

봉준수

서울대 영어영문학과와 공연예술협동과정에서 가르치고 있다. 주관심 분야는 영미 모더니즘이며 T. S. 엘리엇에 대한 연구로 박사학위를 받았다. 최근에는 현대영시, 문예사조, 무대 지문에 대한 수업을 했으며, 영시와 음악을 접목하는 수업을 구상 중이다.

1

'길이'를 화두로 삼는다면 마르셀 프루스트의 『잃어버린 시간을 찾아서』에 대하여 어떤 말을 할 수 있을까? 이 소설의 엄청난 길이에서 독자에 대한 압박 이외의 그 어떤 의미를 읽어낼 수 있을까?

빅토리아 시대의 소설가 조지 엘리엇은 카라 브레이에게 보내는 1876년 12월 21일자 편지에서 새뮤얼 리처드슨의 소설 『찰스 그랜디슨 경(*Sir Charles Grandison*)』에 대하여 칭찬하면서 "이 긴 소설이 좀 더 길지 않아 유감"이라고 쓰고 있다. 학창 시절에 공부했던 영국소설의 기원과 계보에 대한 희미한 기억을 떠올려보자면, 헨리 필딩이 플롯을 중시한 반면 리처드슨은 인물(심리)을 중시한다. 사실 후자는 인물의 내면 묘사를 위하여 많은 시간을 쓰는 반면 플롯의 전개는 결코 빠르지 않다. 19세기 소설가 엘리엇이 보기에 필딩과 리처드슨이 살았던 18세기는 당연히 19세기에 비해 시간적으로 여유가 있었던, 비유적으로 표현하자면 시간이 '느리게' 흘러가던 시대였다. 그들에 비하여 바쁜 시대를 살고 있었지만 엘리엇은 리처드슨의 느린 소설을 예찬하면서 같은 편지에서 그의 또 다른 소설 『클라리사(*Clarissa*)』를 축약본으로도 읽지 않는 세태를 개탄하고 있다.* 18세기 후반부터 19세기에 걸쳐 『클라리사』의 상이한 축약본들이 꾸준히 출간되었다는 사실은 이 작품의 길이가 독자들에게 부담이었음을 암시한다.

집요하게 내면에 천착하는 긴 소설을 썼다는 점에서 프루스트는 리처드슨과 동류로 분류될 만하다. 그 길이로 말하자면 프루스트의 『잃어버린 시간을 찾아서』는 앞서 언급된 리처드슨의 두 소설보다 훨씬 더 길다. 우리가 살고 있는 21세기에는 너무나도 많은 것들이 맹렬한 기세로 짧아지고 있지만, 엘리엇이 리처드슨의 긴 소설을 칭찬하였듯이 우리도 프루스트의 길고 긴 소설에서 칭찬거리를 찾아낼 수 있을까? 엘리엇은 리처드슨의 "도덕성"에 큰 감명을 받았는데 우리는 프루스트의 소설에서 어떠한 긍정적 경험을

* *The George Eliot Letters*, edited by Gordon S. Haight, 9 vols., Yale UP, 1954–78, VI, p. 320.

할 수 있을까?* 그러나 이렇게 『잃어버린 시간을 찾아서』에서 뭔가 괜찮은 것을 힘들여 찾아내기 전에, 그보다 더 근본적인 것부터 생각해보았으면 한다. 프루스트의 소설 속으로 뛰어드는 것은 실로 엄청난 시간과 에너지를 필요로 하며, 어디를 펼쳐 읽어도 궁극적으로 설화자의 내면을 부각시키는 프루스트의 문체—이 소설의 '우주' 그 자체이기도 한—에 휩쓸려 정신 없이 둥둥 떠내려가게 된다는 사실을 곱씹어볼 만하다.

『잃어버린 시간을 찾아서』를 읽는 것은 우선 설화자의 의식이 '작동'하는 방식을 폭넓게 감지하는 경험이 된다. 잘 닦인 투명한 창을 통하여 밖을 내다보니 외부세계의 사물이나 현상이 눈에 들어온다는 식의 경험은 결코 아니다. 그 이유는 묘사의 대상보다 묘사를 하고 있는 설화자의 의식 또는 서사의 기제(mechanism) 그 자체가 부각되기 때문이다. 이는 사실이 길고 긴 소설이 시작할 때부터 소설가가 독자에게 조금도 주저하지 않고 들이민, 장대한 설화의 조건이기도 하다.

우리들 주위에 있는 사물들의 부동성이란 아마, 그것들이 다른

* 같은 곳.

것들이 아닌 바로 그것들이라는 확신, 즉 그것들을 대하는 우리의 사념에 부동성에 의해 억지로 부여된 것일지도 모른다. 내가 그렇게 잠에서 깨어날 때마다, 내가 어디에 있는지 알아내려 헛되이 애를 쓰는 나의 오성이 심하게 요동하는지라, 무수한 사물들과 고장들, 세월들, 모든 것들이 나를 둘러싸고 빙글빙글 돌곤 하였다. 너무나 마비되어 꼼짝도 못하는 나의 몸뚱이는, 자신이 느끼는 피곤의 형태에 입각하여 사지가 놓인 위치를 알아낸 다음, 그것으로부터 벽의 방향 및 가구들의 자리 등을 귀납하여, 자신이 처한 장소를 재구성하고 그것에 명칭을 부여하려 애를 썼다.*

일견하여 별로 대단치 않은, 또는 특별할 것이 없는 일상적인 상황이나 현상에 대하여 이렇게 치밀하게 기술하는 행위는 바로 그 기술의 대상으로부터 일상성을 지워버리고 그것을 매우 특별하고 신기한 그 무엇으로 변하게 한다. 위의 인용문은 설화자 자신에 대한 묘사를 포함하는데 그것은 일반적인 묘사와는 확연히 달라서 자기 분석을 겸한 자아의 창조에 가깝다. 그 치밀함 또는 계산된 '과장' 덕분에 그것

* 마르셀 프루스트, 『스완 댁 쪽으로』, 이형식 옮김, 펭귄클래식, 2013, p. 29.

은 자기애 또는 자아도취에 근접한다. 프루스트의 설화자는 이러한 의식의 기제를 계속 작동시키면서 궁극적으로 자신의 내면을 극화한다. 외부의 사물이나 사건, 또는 현상 등을 포착하고, 그것을 출발점으로, 또는 재료로 삼아 길게 이런 저런 이야기를 하는 것은 그 이야기의 결론보다 결론에 도달하기까지의 과정을 더욱 중시한다는 인상을 준다. 독서가 일종의 여행이라면 프루스트의 설화자는 여정을 최대한 늘여서 목적지에 도착하는 것을 최대한 늦추려는 듯이 보인다.

프루스트의 이러한 특징을 살펴보기 위하여 그를 매우 싫어했던 동시대의 문인과 그를 나란히 세워볼 필요가 있다. 미국 시인 에즈라 파운드는 프루스트를 지극히 싫어하였는데, 프루스트와 마찬가지로 그 역시 모더니즘을 대표한다. '백과사전적 모더니즘(encyclopedic modernism)'이라는 표현을 동원하면 어렵지 않게 둘을 동일한 범주 안에 넣을 수도 있다. 세상에 대한 폭넓은 탐구, 그러한 탐구를 작품의 표면에서 보란 듯이 광고해대는 용기 또는 뻔뻔스러움, 난해성을 한껏 드러내며 드높이는 글쓰기 등이 파운드가 대변하는 모더니즘의 특징에 포함된다면 이는 상당 부분 프루스트에게도 해당된다. 그리고 엄청나게 긴 프루스트의 소설과 마찬가지로 파운드의 단 두 줄짜리 시 「지하철 정거장에서(In a

Station of the Metro)」도 모더니즘을 대변한다는 점에 일단 주목해보자. 현대영시의 역사에서 소위 "이미지즘(Imagism)"—파운드는 처음에 의식적으로 불어 철자로 "Imagisme"이라 표기했다—이 얼마나 중요한지는 논란의 여지가 있지만 이 시는 이미지스트 시의 대표격인 까닭에, 그리고 단 두 줄로 전문을 수록할 수 있다는 경제성 덕분에 빈번하게 영미권의 문선집에 재수록된다. 그러나 의식이라는 일종의 에너지를 사용하는 방법에 있어서 프루스트와 파운드는 극명한 차이를 드러낸다. 프루스트는 끈덕지게 의식의 안팎을 촬영하여 느린 속도로 재생하며 분석한다. 이는 경험과 서사의 굴곡을 서두르지 않고 따라가는 과정이다. 반면 파운드는 직관주의자(intuitionist)로서 "내향적 과정"을 단호히 거부하며 "이야기를 풀어가는 사유과정과 분석보다는 명료한 결론을 향하여 도약하는 편을 선호[한다]"* 지그문트 프로이트와 프루스트는 정교하게 이야기를 전개하기 때문에 마치 지적인 것처럼 보일 뿐이라고 그는 혹평하기도 한다.**

* John Tytell, *Ezra Pound: The Solitary Volcano*, Anchor, 1987, p. 279.

** 위의 책, p. 280.

이상과 같은 맥락에서 파운드의 대표작 「지하철 정거장에서」를 읽어보면 그의 속도를 더욱 실감나게 경험해볼 수 있다.

군중 속 홀연히 떠오른 얼굴들
축축한 검은 가지에 피어난 꽃잎들*

원문을 보면 그 비유적 구조가 좀 더 확연해질 수 있겠지만 이 시의 화자는 지하철에서 내린 승객들 가운데 (놀랍게도) 꽃잎에 비유될 수 있는 얼굴들을 포착한다. 화자는 주어와 술어를 갖추어 뭔가를 설명하는 것이 아니라 자신이 본 것을 중첩된 은유로—두 개의 명사구로— 표현한다. 원문에서 사람들의 얼굴은 환영 또는 유령("apparitions")에 비유되는데, 이는 화자가 준비하거나 기대하지 아니한 상태에서 갑자기("홀연히") 그 얼굴들을 마주하게 됨을 암시한다. 그 얼굴들은 꽃잎이라는 또 다른 은유적 등치를 형성하며 홀연히 다가오는 얼굴의 놀라움만큼이나 건조하고 어두운 곳(지하철 정거장)에서 비에 젖은 나뭇가지에 피어난 꽃잎을 발견

* "The apparition of these faces in the crowd; / Petals on a wet, black bough." Ezra Pound, "In a Station of the Metro," *The Norton Anthology of Modern Poetry*, edited by Richard Ellmann and Robert O'Clair, Norton, 1973, p. 338.

하는 놀라움과 겹쳐져 있다. 이 경험은 속도, 에너지, 인식의 자유, 신선한 비유에서 오는 해방감을 포함한다.

2

여러 가지 매체의 '텍스트'가 짧고 가벼워지는 시대에 거대한 공룡 같은 프루스트의 소설을 번역하여 출간하겠다는 결정은 결코 쉽지 않을 것이다. 몇 가지 국역본을 살펴보다가 출판사의 어려움을 염두에 두고 있는 듯한 번역자의 글을 발견할 수 있었다. 그것은 제1권의 속표지에서 "각 권이 하나의 연결된 구성이지만, 꼭 순서대로 읽지 않아도 되는 이유"를 제시하고 있다.

> 사라진 줄 알았던 시절들이 부활하여 세월(시간)의 질서로부터 해방된 존재를 문득 문득 부각시키곤 하는 것이 이 작품의 전체적 구성입니다. 즉, 이 작품은 그러한 해방의 순간 혹은 격정의 순간들로 점철되어 있습니다. 그러나 그러한 부활의 계기를 마련해 주는 사건들은 다양하며, 그 각 사건들이 나름대로 독립된 이야기일 수 있습니다. 따라서 그 각 권을… 따로 떼어 읽을 수도 있습니다. 또한 각 권에 이야기된 여러 일화들이 각각 언제든 독자에게 명상의 계기를 제공할 수 있습니다.*

정교하게 플롯을 구축해가는 소설, 즉 인과관계와 개연성을 주된 동력으로 삼아서 앞으로 나아가는 소설을 위에서 말하는 방식으로 읽기란 쉽지 않을 것이다. '해방'이니 '격정'이니 하는 것은 아무래도 순간적인 인식이나 지각의 차원에 더 어울릴 것 같기 때문이다. 만약 이러한 독서경험이 정말로 프루스트의 길고 긴 소설을 읽는 독자들에게 작품의 결을 거스르지 않고 자연스럽게 주어진다면, 그것은 느리게 전진하는, 상대적으로 느슨한 플롯 덕분이 아닐까?

두꺼운 소설을 읽는 독자에게는 체력이나 인내력과는 별개로 기억력의 문제가 엄연히 존재한다. 과연 읽은 것을 어느 정도로 기억해야 만족스러운 독서일까? 읽은 것을 상당 부분 기억하지 못한다고 할 때 한 권 또는 그 이상을 독파했다는 사실 그 자체에 우리는 어느 정도의 가치를 부여할 수 있을까? 이 소설의 분량 때문에 위축되는 독자에게, 그리고 (필자를 포함하여) 읽은 것을 제대로 기억하지 못할 가능성이 농후한 독자에게 위와 같이 "해방의 순간"에 집중하라고 권유하는 것은 일단 위로가 된다. 어떻게 독서를 하느냐에 따라 작품의 길이에서 오는 중압감이 줄어들 수도 있다는 암

* 마르셀 프루스트, 『스완 댁 쪽으로』, 이형식 옮김, 펭귄클래식, 2013.

시이기 때문이다. 이렇게라도 독자들을 독려하는 것이 출판사의 입장이 아닐까 상상해본다.

파운드는 직관적으로 지각이나 감각적 경험의 핵심을, 달리 표현하자면 '순간'을 포착한다. 프루스트 역시 순간을 포착하지만 시간을 멈추고 바로 그 순간을 잡아 늘인다. 또는 그 순간이 휙 지나가는 것이 아니라 엄청나게 섬세하고 긴 어떠한 흐름임을 드러내려고 한다. 파운드는 프루스트처럼 의식이 경험이나 현상을 어떻게 소화하고 있는지, 내면을 향하여 흔들리지 아니하는 시선을 고정시키고 의식에 기록되는 현상을 끈덕지게 따라가는, 그런 시인은 결코 아니었다. 파운드가 순간적인 속도와 에너지, 그리고 빛남의 순간을 추구한다면 프루스트 역시 그와 유사한 해방의 순간을 포착하려고 한다. 그러나 그 순간은 엄청난 지구력을 필요로 하는, 내적인 관조의 흐름 속에 흩어져 들어가 있다. 혹은 '순간'이 아니라 일정한 '길이'를 가진 의식의 흐름 속에 녹아들어가 있다. 이 의식 또는 내면 그 자체가 비평적 관심의 대상이 되어 마땅하다.

그러나 프루스트의 1인칭 설화자는 시종일관 동일한 인물의 의식을 대변한다고 단언하기 어려운데, 가령 바로 그 설화자가 여기저기에서 마치 3인칭 전지적 설화자처럼 서술하기 때문이다. 제임스 조이스의 『율리시즈(*Ulysses*)』의 설화자가 사실 일반적인 의미의 설화자라기보다는 편집자 또는 '배열자(arranger)'에 가까운 것처럼 프루스트의 설화자는 엄청난 길이의 문장에서 단적으로 드러나듯* 인위적, 심지어

* "물론, 루와조 로에 면한 레오니 숙모님의 방 창문 양쪽에 있는 다른 두 창문들과의 균일하지 않은 간격으로 인한 비대칭, 문지방의 과도한 높이, 덧창의 팔꿈치 모양으로 굽은 막대 손잡이, 커튼 줄이 반으로 나누어 젖혀진 상태로 붙잡고 있던 윤기 감도는 하늘색 세틴 두 자락 등, 그 창문을 어떤 개인처럼 보이게 하던 소박한 특징들이 맨네치아의 호텔에도, 즉 우리들로 하여금 점심을 먹으러 돌아오곤 하던 거처를 멀리에서도 알아볼 수 있게 해주었고, 훗날에는, 그 거처가 한동안 우리의 것이었노라고 하는 증언처럼 우리의 추억에 남았던, 또한 그토록 특이하고 유창한 말들이 나에게 들려오던 베네치아의 그 호텔에도 존재하였으나, 그 모든 특징들을 말해주는 세심한 주의 필요한 일이, 베네치아에서는, 꽁브레에서처럼 그리고 조금은 어디에서나처럼 가장 소박한 더 나아가 가장 볼품없는 것들의 귀속되지 않고, 마치 중세 가장 뛰어난 주거용 거층 건축물들 중 하나인 양, 모든 주조물 박물관에서 복제된 그리고 삽화를 곁들인 모든 예술 서적들 속에 수록된 어느 건물 정면 벽의 아직도 반쯤은 아라비아적인 첨두아치에 귀속되어 있었으며, 그리하여 멀리서부터 그리고 내가 겨우 싼-지오르죠-마죠레를 지났을 때 벌써 그 첨두아치가 보이곤 하였으며, 이미 나를 발견하였던지라 그것의 깨진 궁형곡선부들의 반가워하는 도약이, 나를 환영하는 그것의 미소에 더욱 고결하고 거의 불가사의한 시선의 기쁨을 덧붙여주곤 하였다." 길이를 살펴보기 위한 인용으로서 단 한 문장이다. 마르셀 프루스트, 『탈주하는 여인』, 이형식 옮김, 펭귄클래식, 2019, pp. 317–18.

'기계적'이며 이는 몰개성 또는 비개성의 한 가지 형태로 볼 수 있다. 의식의 흐름이라는 기법은 사실주의의 극단이지만, 그것은 가장 부자연스럽고 비사실적인 냄새가 날 수밖에 없다는 역설을 껴안고 있다. 가령 윌리엄 포크너의 『헛소리와 격노(*The Sound and the Fury*)』에서 백치인 벤지(Benjy)의 걷잡을 수 없는 의식은 소설 내에서의 고도의 관습화를 통하여 재현될 수밖에 없다.

프루스트의 1인칭 설화자는 조이스의 『율리시즈』의 설화자, T. S. 엘리엇의 『황무지(*The Waste Land*)』의 종잡을 수 없는 화자와 마찬가지로 텍스트를 통하여 구축되는 불안정한 '주체'의 좋은 예가 된다. 발터 벤야민의 표현을 빌자면 『잃어버린 시간을 찾아서』의 "저자에게 중요한 것은… 기억의 직조, 즉 페넬로페의 회상"인데 이는 또한 "페넬로페의 망각작업"이기도 하다.* 이렇듯 프루스트의 설화자는 실로 웅장한 규모로 텍스트를 통해 구축되는, 그리고 그와 동시에 해체되는, '자아'의 개념을 구현한다. 이러한 해체와 망각은 내면으로 향하는 시선으로 엄청난 공을 들여 '성취'해내는 것이며, 이는 첫째 권의 내용을 제대로 잊기 위하여 이를테면

* "The Image of Proust," *Illuminations*, edited by Hannah Arendt, translation by Harry Zohn, Schocken, 1968, p. 202.

마지막 권까지 끈덕지게 나아가야 한다는 의미이다.

페넬로페는 백 명이 넘는 구혼자들의 압박에서 벗어나기 위하여 낮에 짠 베를 밤에 풀어버려야 하지만, 프루스트의 텍스트는, 또는 그의 독자들은 애써서 베를 풀지 않아도 된다. 엄청난 길이의 소설을 읽는 행위는 참으로 자연스럽게도 그 길이와 잘 어울리는 망각을 동반하기 때문이다. 그리고 망각이 독서의 운명이라면 오독이나 불완전한 독서도 마찬가지이다. 프루스트의 설화자는 가령 어린 시절에 베르고뜨(Bergotte)의 소설을 좋아했지만 정확하게 이해하지 못한 경우도 있었음을 고백한다.* 망각과 부정확한 이해가 독서 경험의 일부임을 인정할 수밖에 없지만, 독자는 책이 아니라 자신을 읽는다는 프루스트의 관점을 상기해봄직하다. 만약 책의 '내용'이 독자 자신의 내면을 보기 위한 렌즈라면** 프루스트의 독자는 읽은 것을 기억해야 한다는 기계적인 부담감에서 조금이나마 벗어나 설화자를 읽고 있는 자기 자신을 읽어내는 쪽으로 독서의 초점을 이동할 수 있을 것이다. 그런데 이러한 독서의 초점 변화가 전적으로 새로운 것은 아니

* 마르셀 프루스트, 『되찾은 시절』, 이형식 옮김, 펭귄클래식, 2019, p. 339.

** 위의 책, pp. 334-35.

다. 소설을 읽다 의외의 곳에서 불쑥 튀어나오는 자신의 모습과 맞닥뜨리는 것은 그리 드문 일이 아니며, 곤혹스러워도 그 자화상을 다른 자화상들 옆에 걸어둘 수도 있다. 이와 달리 어떠한 이유에서 같은 대목을 반복해 읽을 때 작고 기묘한 자신의 흉상이 빚어지기도 하는데, 이 흉상을 알아보고 나아가서 보듬기까지는 좀 더 많은 시간이 걸릴 수 있다. 자기 자신이 어떠하며, 무엇을 어떤 이유에서 어떻게 생각하는지 말할 때, 우리는 만만치 않은 자의식의 무게를 짊어지고 있다. 이 또한 일종의 노동이자 성취로서 망각에 맞서는 위안으로 삼아볼 일이다.

프루스트에게 피아노에 대해 배운 것

김주원

중앙대 프랑스어문학전공 교수, 피아니스트. 프랑스 파리 제3대학에서 「마르셀 프루스트의 음악 사상」으로 박사학위를 받았다.

나는 다시 방에 올라갔고, 그러나 혼자가 아니었다. 누군가 부드럽게 슈만의 곡을 연주하는 소리가 들렸다. 사람들은, 우리가 가장 사랑하는 이들조차도, 우리로부터 발산되는 슬픔이나 짜증으로 물드는 적이 있게 마련이다. 하지만 인간으로서는 결코 미치지 못할 만큼 마음을 고조시키는 힘을 지닌 어떤 것이 있다. 피아노다.

『소돔과 고모라』*

지금 떠오르는 슈만의 음악이 있다면 이어지는 글을 읽느라 마음속 선율을 놓치지 않기를 바란다. 어떤 곡이든 좋다. 나로서는 슈만 생각에만 머무를 수 없는데, 얼마 전 돌아가신 외할머니 생각 때문이다. 『잃어버린 시간을 찾아서』가 반환점을 돌아 후반부로 접어들 무렵, 소설의 주인공 또

* *Sodome et Gomorrhe*, Gallimard, Pléiade, 1988, p. 185.

한 외할머니를 여읜다. 다만 슬픔은 두세 계절 뒤에 찾아온다. 상실을 실감하지 못한 주인공은 여느 때와 다름없이 사교계 살롱을 기웃거리다 발베크 해변으로 여름휴가를 떠난다. 도착해서 호텔에 짐을 푸는 순간, 몇 해 전 할머니를 모시고 처음 그곳에 도착했을 때가 떠오른다. 마들렌 과자의 맛이 불현듯 유년의 시골 마을을 되살렸던 것처럼 진실은 준비되지 않은 이의 기억을 엄습한다. 그렇게 되찾은 할머니의 생생한 모습이 그분의 부재를 진정으로 깨닫게 만든다. 뒤늦게 애도의 감정이 밀려들고, 모든 것이 공허한 휴양지에서 주인공은 아무것도 할 수가 없어 방으로 다시 올라온다. 들려오는 피아노 소리.

프루스트는 1921년 출판사에 보낼 타자본 원고를 검토하다가 불쑥 이 한 단락을 새로 써넣었다. 음악은 텍스트 사이의 정적을, 인물이 혼자 있는 시간을 만드는 방식이다. 작가가 슈만의 어떤 작품을 생각했는지 알려주는 자료는 남아 있지 않다. 다만 『잃어버린 시간을 찾아서』에는 슈만의 피아노곡 제목이 딱 한 번 등장하는데, 〈어린이 정경(Kinderszenen)〉의 마지막 두 곡인 〈잠든 어린이〉와 〈시인은 말한다〉이다. 프루스트는 앞 곡의 여운이 뒤 곡을 한참 떠돈다는 사실에 주목했다. 실제로 그렇다. 〈잠든 어린이〉를 불안하고 신비로운 버금딸림화음으로 끝맺는 베이스 성부의 A음은 〈시인은 말한다〉에 계속 돌아와 울린다. 아이가 잠든 사이 시인은 가만히 꿈의 잔향을 정리한다. 슈만의 음악에는 그렇게 말해지지 않고 웅웅거리는 목소리가 있다. 다음 권 『갇힌 여인』에 나오는 음악회 장면에서 프루스트는 자신이 창조한 허구적 음악에 그 생각을 다시 한 번 옮긴다.

> 이 악절은 뱅퇴유가 오늘 내 모든 혼란의 원인인 그의 딸이 잠든 모습에서 영감을 받았는지도 모른다. 평온한 저녁나절 아이의 잠이 일하는 음악가를 포근하게 둘러싸고 있을 때 떠오른 악절은 슈만의 몇몇 몽상을 평화롭게 하는 것과 같은 아늑한 정적을 배경으로 나를 그토록 달래 주어서, 〈시인은 말한다〉에서도 〈잠든 어린이〉가 떠오르는 것만 같았다.
>
> 『갇힌 여인』*

한 곡을 듣는 동안 어떤 음 또는 목소리가 계속해서 음악의 울림 속에 배어 있다고 느껴지는 순간이 있다. 머물러 있으면서도 떠도는 듯한 그 음이 실제로 악보에 표기된 것인

* *La Prisonnière*, Gallimard, Pléiade, 1988, pp. 757–758.

지 우리의 불안한 상상이 피워 올린 것인지는 확실치 않지만, 그것은 때로 몽상을 기이한 평화로움으로, 불안을 아늑함으로 바꾼다. 나중에 미셸 슈나이더의 책(『슈만, 내면의 풍경(*La Tombée du jour*)』)을 읽으며 나는 슈만이 여기에 '내면의 목소리(innere Stimme)'나 '멀리서 들려오는 목소리(Stimme aus der Ferne)' 같은 이름을 붙였다는 사실을 알게 되었다. 이것은 듣는 사람에게만 해당하는 문제가 아니다. 피아노를 치는 사람 또한 그 소리를 찾아야 한다. 그래서 어떤 건반을 누를 때면, 음악에 이미 떠돌고 있는 이 자욱한 울림에 닿았음을 느껴야 한다. 정확히 말해 그건 건반을 눌러 특정한 소리를 만드는 문제가 아니다. 차라리 어떤 소리를 듣기 위한 노력이다. 그리고 소리를 듣는다는 건 물리 현상을 객관적으로 판단하는 일도, 연주자 자신의 몽상을 현실 속에서 다시 확인하는 일만도 아니다. 그 사이의 무언가, 들리는 것과 들리지 않는 것의 대화를 듣는 일이다. 손가락은 마치 익숙하지 않은 조명 장치를 다루듯 조심스럽게 건반에 닿을 뿐이다. 맞는 터치를 찾는다면, 슈만은 우리가 부재를 길들이는 데 필요한 만큼의 어둠이다.

롤랑 바르트는 『밝은 방』에서 비슷한 이야기를 한다. 어머니를 여의고 슬픔에 잠겨 있던 어느 날, 바르트는 고인의 사진을 정리하며 하나씩 들여다본다. 사진은 자신이 알던 어머니의 진정한 모습을 보여주지 않는다. 자신이 잘 모르던 어머니의 삶에 관한 정보를 주거나, 자신이 아는 바와 비슷하지만 부정확한 이미지를 담고 있을 뿐이다. 그러다 단 한 장의 사진에서 그는 어머니를 되찾았다는 느낌을 받는다. 어머니가 다섯 살 때 어느 식물원 온실 앞에서 찍은 사진이다. 물론 바르트는 어머니의 어린 시절을 알지 못한다. 하지만 그는 이 사진에서 어머니의 온 존재를 이루고 있는 선함을 알아보고, 그렇기에 이 사진이 어머니의 진실을 담고 있는 유일한 사진이라고 말한다.

그렇게 말하면서 바르트가 왜 프루스트와 슈만을 동시에 떠올렸는지 모르겠다. 아니, 프루스트는 그럴 수 있다. 소설의 주인공이 할머니의 진정한 모습을, (바르트의 인용에 따르면) "그 살아 있는 현실을 비의지적이고 온전한 추억 속에서 처음으로" 되찾은 순간은 바르트가 온실 사진 속에서 어머니의 참된 모습을 발견했을 때와 같은 순간이니까. 하지만 무슨 이유에서 온실 사진이 그에게 슈만의 〈새벽의 노래(Gesänge der Frühe)〉 제1번과 같다고 하는지는 설명하기 어렵다. 적어도 바르트 자신은 설명을 아낀다.* 그는 슈만에 대해 말할 때 이렇게 말을 조심하는 버릇이 있었다. 라디오 인터뷰에서 슈만을 어떻게 사랑하느냐는 질문을 받자 그는 답했다. "나도 모르는 나 자신의 바로 그 어떤 부분으로 그를 사랑한다."

슈만의 음악에서 실마리를 얻을 수 있을지 모르겠다. 〈새벽의 노래〉 제1번을 들어 보자. 하나의 주제 선율로 이루어진 곡이다. 주제는 해결되지 않은 채 여러 음역을 떠돌며 반복되고, 그때마다 무언가가 움직임 없이 열리는 것 같다. 하지만 음악의 어떤 요소도 전개되지 않는다. 어떤 이야기도 만들어지지 않으며, 음악은 말로 설명하기 어려운 망연자실한 눈부심에 도달할 뿐이다. 슈나이더는 이 곡을 "거의 잃어버린 언어"라고 했다. 우리는 아마 그토록 발음하고자 했던 그것의 이름을 찾지 못했을 것이다. 하지만 말해야만 한다고 믿었던 것을 잊어가는 데서 드는 안도감을 바르트도

* "혹은(나는 이 진실을 말할 방도를 찾고 싶은데) 이 온실 사진은 나에게는 슈만이 침몰하기 전 마지막으로 작곡한 음악인 〈새벽의 노래〉 제1번과 같았다. 그것은 내 어머니의 존재와 일치하며 동시에 어머니의 죽음에 대한 나의 슬픔과도 일치한다. 무수한 형용사를 통해서만 이 일치를 말할 수 있을 것이다. 나는 그것을 아끼겠지만, 이 사진이 어머니의 존재를 구성하는 모든 술어를 한데 모으고 있음을 믿으며, 그 일부를 빼거나 바꾸는 행위는 나를 만족시키지 못했던 어머니의 다른 사진들로 나를 돌려보낼 것이다."(롤랑 바르트, 『밝은 방』, 제28절)

알고 있지 않았을까. 그것을 기다릴 수 있다면, 슈만은 우리가 부재를 받아들이는 데 필요한 만큼의 빛이다.

프루스트와 바르트는 상실의 공간에 스며들어 부재를 감당하게 해주는 음악의 고요한 힘을, 정적에 약간의 온기를 부여하는 낯설고 아늑한 울림을 이야기한다. 사실 생전의 할머니가 프루스트의 주인공에게 음악에 대해 가르쳐준 것 또한 음색에 대한 감각이었다. 부득이 취향이라는 말로 표현하는 수밖에 없겠다. 하지만 여기서 취향은 물질의 맛을 보고 얼마나 흡족한지 따지는 일과는 다르다. 뛰어남과 모자람을 가르는 안목 또한 아니다. 할머니에게 음색에 대한 취향이란 어떤 가치에 대한 옹호에 가깝다.

프루스트에게 피아노에 대해 배운 첫 번째가 이것이다. 음악적 취향이란 나를 만족시키는 어떤 감각이 아니라, 내가 충실하고 싶은 어떤 가치를 찾는 문제라는 사실이다. 주인공의 할머니는 자연과 하나된 삶에 대해 낭만주의적 향수를 간직한 인물로, 이런 감수성을 19세기 후반 산업화 시대에 태어난 손자에게 물려주고자 부단히 애썼다. 장 자크 루소나 조르주 상드의 책을 선물하고, 집 정원은 인공적으로 다듬은 티가 나지 않기를 바라며, 손자가 천재적인 예술가의 손길이 깃든 작품을 접할 기회를 어떻게든 마련해 주려고 한다. 콩브레 마을의 시골 교회에 대한 주인공의 각별한 애정도 할머니에게 물려받은 것이다. 산책에서 돌아오는 길이면 할머니는 이따금 걸음을 멈추고 종탑을 바라보게 한다.

> 할머니는 콩브레 종탑에서 막연하게 세상에서 가장 가치 있다고 생각하는 것, 자연스럽고 품위 있는 모습을 발견하셨던 것 같다. 건축을 알지는 못하셨지만 할머니는 이렇게 말씀하시곤 했다. "얘들아, 우스운 이야기일지 모르겠다만, 저 탑이 법식에 맞게 아름답지는 않더라도 나는 저 오래되고 기이한 모습이 마음에 든단다. 종탑이 피아노를 친다면 결코 메마른 소리는 내지 않을 거야."
>
> 『스완네 집 쪽으로』*

말을 마친 할머니는 종탑에 어리는 저녁 빛을 올려다본다. 종탑의 돌은 석양을 받아 따뜻한 빛을 내고, 주변 공기도 어둠이 내리기 전 마지막으로 부드럽게 물든다. 메마른 소리를 내지 않는다는 것. 피아노를 칠 때 이것은 내게 너무나 중요해서 선생님들은 이따금 그게 전부가 아니라고 가르

* *Du côté de chez Swann*, Gallimard, Pléiade, 1987, p. 63.

쳐 주셔야 했다. 메마른 소리를 내지 않는다는 것, 그것은 어떤 맑고 부드러운 세계를 다치지 않은 채로 전달해야 할 책임이 우리에게 있다는 사실을 상기시킨다. 어린 시절 내게 첫 피아노를 선물하셨고, 집에 찾아오시면 늘 먼저 내가 연주하는 피아노를 한 곡 들으며 기뻐하셨던 외할머니 덕분에, 나는 다행히도 그 세계를 잊지 않고 살아올 수 있었던 것 같다. 〈어린이 정경〉이 그런 세계고, 쇼팽이 또 그렇다.

프루스트는 주인공의 할머니가 피아노를 연주한다는 이야기를 넣기 위해 이리저리 고민한 듯하다. 소설의 초고 노트에 따르면 할머니의 주요 레퍼토리는 쇼팽인데, 작가 자신의 외할머니도 쇼팽 음악에 조예가 깊었기 때문이다. 어린 시절 프루스트는 할머니의 생일을 맞아 보낸 편지에 좋아하는 쇼팽을 마음껏 치며 하루를 보내시라고 썼다. 『잃어버린 시간을 찾아서』의 초고에는 "엄마는 할머니가 쇼팽을 연주하듯이 조르주 상드를 읽어 주셨다."라는 문장이 세 번 등장한다. 소설의 문장이라기에 어색해 보인다면, 작가가 어색함을 감수할 만큼 이 생각에 애착을 가지고 있었다는 뜻이기도 하겠다. 최종 원고에는 할머니의 피아노가 빠지고 주인공의 어머니가 조르주 상드의 소설을 읽어 주는 이야기만 남았다. 하지만 이 낭독에 대한 묘사가 악기 연주를 연상시킨다는 사실은 알아채기 어렵지 않다.

> 엄마는 문장들을 적절한 어조로 공략하기 위해 문장 이전에 존재하면서 그것을 불러준, 하지만 단어 자체에는 지시되지 않은 진심 어린 억양을 찾아내셨다. 그렇게 엄마는 동사 시제에서 느껴지는 온갖 생경함을 완화하고, 반과거와 단순과거에는 선한 마음에서 나오는 부드러움과 다정함에서 나오는 우수를 부여하셨다.
>
> 『스완네 집 쪽으로』*

엄마가 단어를 매만져 글을 읽는 방식에서 쇼팽을 연주하는 법에 대한 아이디어를 얻을 수 있겠다. 프랑스어의 문법 규칙은 이따금 귀에 거칠게 들리는 모서리를 만드는데, 이를 다스리고 싶다면 문장을 생성하는 데 관여하는 어떤 근본적인 차원, 마음이 말에 처음 스미는 방식인 억양을 찾아야 한다고 작가는 말한다.** 문장(프랑스어로 phrase라고 쓴다)

* 위의 책, p. 42.

** 프루스트에게 '억양(accent)'은 예술가의 개성을 설명하는 데 핵심적인 개념이다. 낭독자나 연주자만이 아니라 작곡가에게도 찾아야 할 자기 억양이 있다. 『갇힌 여인』의 연주회 장면에서 프루스트는 이렇게 쓴다. "뱅

이 음악의 프레이즈와 같다고 생각한다면, 여기서 쇼팽이 무엇보다 귀하게 여겼던 프레이징의 연속성을 떠올려도 될 것 같다. 쇼팽은 악보 한두 쪽이 계속되도록 노래가 끊어지지 않기를 요구하기도 했다(〈스케르초〉 제4번의 트리오 부분). 쇼팽을 연습하다 보면 뒤늦게 긴 이음줄을 발견하고 곡 전체를 새로 생각해야 하는 순간들이 있다. 선율을 단순히 레가토 주법으로 연결하기만 하는 것은 충분하지 않다. 피아니스트는 다채로운 리듬과 화성 속에서도 어떤 내적인 노래가 끊어지지 않도록, 피아노 소리를 마치 다치기 쉬운 피부처럼 보호할 줄 알아야 한다.

또한 작품 속 엄마의 낭독은 음색과 노래의 관계, 피아노에서는 터치와 프레이징의 관계를 생각하게 한다. 작가는 엄마가 모든 인위적인 연출을 제거하고 문장에 알맞은 어조를 찾았을 때, 그 문장이 마치 엄마의 목소리를 위해 쓰인 것 같았다고 쓴다. 그러니 음색과 노래는 별개로 찾을 것이 아니다. 곡의 선율을 어떻게 노래해야 하는지 진정으로 이해

퇴유가 새로워지려고 힘차게 노력하면서 스스로에게 질문할 때면, 그는 창조적 노력의 온 힘으로 자신의 깊은 본질에, 그 본질이 어떤 질문에도 항상 동일한 억양으로 응답하는 그런 깊이에 도달했다." *La Prisonnière*, Gallimard, Pléiade, 1988, p. 760.

한다면, 우리는 그 곡을 위해 필요한 음색에 도달한다. 그런데 그것은 음악 속에서 우리를 기다리고 있던 우리 자신의 음색이다. 프루스트에게 피아노에 대해 배운 두 번째가 여기 있는 것 같다. 어떻게 나의 목소리를 찾을 것인가? 내 목소리에 대한 자의식을 통해서는 분명 아니다. 우리는 보통 있는 그대로의 나를 보거나 듣지 못하기 때문이다. 남들의 반응을 통해서 또한 아니다. 그들은 나를 나로 만드는 힘을 모르기 때문이다. 대신 작품에 충실하면서 선율의 내적 연속성을 생각할 것, 그리고 작품이 가리키는 세계에 대한 책임감 속에서 메마른 소리를 내지 않도록 노력할 것. 이 두 연습이 둘이 아닌 하나임을 깨달을 때 음악은 우리에게 우리 자신의 목소리를 되돌려준다.

산문을 낭독하며 이처럼 마음을 쓰는 법은 엄마가 할머니에게 배운 것이라고 한다. 할머니의 쇼팽 연주를 언급한 초고의 문장은 최종본에서 삭제되었지만, 엄마의 상드 읽기를 통해 그 흔적을 남긴다. 하지만 소설 속에서 할머니의 '터치'를 전혀 들을 수 없는 건 아니다. 다만 그것은 조심스러운 방식으로 숨겨져 있다. 주인공이 할머니와 함께 처음으로 발베크 호텔에 머물렀을 때, 둘은 얇은 칸막이벽을 사이에 두고 잠자리에 들었다. 몸이 약한 손자에 대해 염려가 많았던 할머니는 혹시나 필요한 일이 있으면 벽을 두드려서 연락하라고 당부한다. 주인공이 시험 삼아 벽을 두드리자, 금방 그곳으로 가겠다고 일러주는 듯한 침착한 노크 소리가 되돌아온다.

> 감미로운 아침이 내가 두드리는 세 번의 노크 소리에 교향곡처럼 박자를 맞춘 대화로 열리면, 애정과 기쁨이 스며든 칸막이벽은 천사의 노래처럼 조화롭고도 비물질적인 것이 되어, 열렬히 기다려온 세 번의 노크 소리로 두 차례 되풀이해 응답했고, 할머니의 온 영혼과 할머니가 오신다는 약속을 수태고지의 환희와 음악의 충직함으로 전달했다.
>
> 『꽃핀 소녀들의 그늘에서』*

할머니가 세상을 떠나고 발베크로 돌아와 슬픔에 젖어 있던 날, 주인공은 호텔 방의 칸막이벽을 보며 생각한다. 저 벽은 할머니가 연주했을지도 모르는, 그래서 할머니의 터치로 아직도 진동하고 있을지 모르는 피아노 같다고. 하지만 지금은 쇼팽으로 돌아오도록 하자. 『잃어버린 시간을 찾아서』의 최종본에서 할머니 대신 쇼팽을 연주하는 이는 캉브

* *À l'ombre des jeunes filles en fleurs*, Gallimard, Pléiade, 1988, p. 30.

르메르 후작부인이다. 할머니와 같은 세대의 어른이자 한미한 시골 귀족으로 파리의 사교계와는 그리 어울리지 않는 인물이다. 가령 그녀는 다들 허영에 사로잡혀 잡담하느라 산만하기 짝이 없는 살롱 음악회에서 홀로 진지하게 음악에 몰두한다. 후작부인은 젊은 시절 쇼팽의 제자에게 직접 피아노를 배워 작곡가의 프레이징을 다루는 법을 터득하고 있었다. 이를 묘사하는 프루스트의 길고 구불구불한 문장 또한 쇼팽의 선율(예컨대 〈녹턴〉 제17번에서 주제 선율로 돌아가기 직전, 또는 〈전주곡〉 제4번에서 선율이 마지막으로 도약하는 부분)을 닮았다.

> 그녀는 젊은 시절 한없이 굽이치는 백조의 긴 목 같은 쇼팽의 악절을 쓰다듬는 법을 배운 적이 있었다. 그토록 자유롭고 유연하고 촉각적인 악절은 출발한 방향 바깥으로 아주 먼 곳, 닿으리라 기대할 수 없었던 아득히 먼 곳에서 제자리를 찾으며, 그 환상적인 일탈 속에서 유희하다 더욱 결연히 돌아와—마치 수정의 울림이 탄성을 자아내듯 더욱 계획대로, 더욱 정확하게 되돌아와—당신의 가슴을 때린다.
>
> 『스완네 집 쪽으로』*

* 앞의 책, p. 326.

캉브르메르 부인의 일대기는 당대 프랑스 사람들이 쇼팽을 어떻게 받아들였는지 증언하는 역사적 자료이기도 하다. 그녀가 쇼팽의 전통을 직접 계승한 마지막 낭만주의 세대의 피아니스트라면, 그녀의 며느리 캉브르메르-르그랑댕 부인은 유행에 민감하며 현대 예술이 일직선상으로 진보한다는 믿음을 가진 새로운 세대의 딜레탕트로서, 그런 인물이 보기에 쇼팽의 옛 음악은 더 이상 들을 만한 음악이 아니다. 주인공이 두 세대의 예술 애호가를 만난 건 발베크 바닷가에서였다. 『소돔과 고모라』에 나오는 두 번째 발베크 체류, 그러니까 할머니 애도 장면 바로 다음에 일어난 일이다. 겨우 바닷바람을 맞을 만큼 마음을 추스른 주인공 앞에서 젊은 후작부인은 모네나 드뷔시 같은 최신 예술가들을 찬양하느라 여념이 없다. 음악이 화제에 오르자 주인공은 노부인에게 예의 삼아 말을 건넨다. "부인께서 뛰어난 음악가이신 것을 알고 있습니다. 꼭 한번 연주를 들려주셨으면 합니다." 시어머니를 얕잡아보는 캉브르메르-르그랑댕 부인은 기회를 놓치지 않고, 쇼팽을 연주한다고 해서 음악가인 건 아니라며 싫은 소리를 한다. 좀 너무하다 싶었는지 주인공은 노부인 편에 설 방법을 찾는다. 최신 유행의 추종자에게 옛 작품의 가치를 납득시키려면 그것이 다시 유행한다고 일러주는 수밖에 없다. 주인공은 당대의 음악적 진보를 상징하는 드뷔시가 가장 좋아하는 음악가로 쇼팽을 꼽았다면서 막 일어나던 쇼팽에 대한 재평가를 상기시킨다.

『잃어버린 시간을 찾아서』의 주인공이 어린 시절을 보낸 1880년대에는 쇼팽에 대한 평가가 실제로 높지 않았다. 작곡가가 세상을 떠난 지 한 세대가 지나고 그의 참모습을 기억하는 사람들이 드물어지자, 쇼팽 음악의 병약하고 감상적인 면모를 과장한 퇴폐적인 연주가 살롱에 만연한 것이다. 진지한 예술을 추구한다는 사람들은 독일 작곡가 바그너를 떠받들었고, 그중에는 젊은 시절의 드뷔시도 있었다. 그런데 프루스트 소설의 주인공이 성인이 될 무렵 상황이 뒤집힌다. 독일과 프랑스 사이에 국민적 자존심을 건 경쟁이 계속되면서 프랑스 음악 또한 바그너의 영향에서 벗어나 독자적인 길을 찾아야 한다는 주장이 대두했다. 그렇게 새로운 프랑스 음악의 선구자로 주목받은 사람이, 여기서부터는 캉브르메르-르그랑댕 부인이 모르던 사실인데, 폴란드 출신으로 프랑스에서 망명 생활을 한 쇼팽이었다. 다만 1910년 전후 이렇게 새로 발견된 쇼팽은 더 이상 감상적인 폐병 환자가 아니라, '프랑스적'인 세련과 절제를 통해 타고난 슬라브적 감상성을 우아하게 극복한 예술가 쇼팽이다. 프루스트의 동료

작가 앙드레 지드는 이런 재발견을 이끌었으며, 쇼팽의 고전주의적 순수성을 누구보다 깊이 이해한 인물이었다. 쇼팽의 내성적인 음악언어가 얼마나 함축적인지, 그에게서 발견하게 되는 경이를 존중하려면 얼마나 목소리를 낮추어야 하는지, 그의 음악이 어째서 감정 표현보다 한층 귀중한 것, 즉 우리 자신의 감정에 대한 성찰을 담고 있는지 내게 가르쳐준 책은 지드의 『쇼팽에 관한 노트(*Notes sur Chopin*)』였다.*

하지만 쇼팽의 음악은 감상적인가 고전적인가, 이런 질문 앞에서 내가 오랫동안 곤란함을 느낀 것도 사실이었다. 어느 쪽으로도 잘라 대답하고 싶지 않았고, 그런 마음을 쇼팽이 이해해 주기를 바랐다. 그때 프루스트의 시선이 모범이 된 것 같다. 작가는 쇼팽의 낡은 감상성을 경멸하는 말에도, 그를 프랑스 고전주의 전통에 연루시키는 말에도 동의하

* 쇼팽의 고전주의는 물론 보수적 순수주의가 아니다. 지드가 견딜 수 없는 것은 성찰 없는 확신이었다. 〈즉흥곡〉에 관한 다음 구절을 보자. "쇼팽이 이 곡들을 정말 즉흥으로 썼다고는 믿을 수 없다. 그럴 리 없지만, 그 곡들을 마치 즉흥으로 만들어진 듯 연주하는 것은 중요하다. 다시 말해 어떤 느림 혹은 불확실성을 가지고, 성급한 움직임에 담긴 저 참을 수 없는 자기 확신을 버리고. 그것은 발견해 나가는 산책이며, 연주자는 그가 말할 것을 미리 알고 있다고, 모든 것이 이미 쓰여 있다고 믿는 듯 보여서는 안 된다."

지 않는다. 다만 소설 속 인물들의 대화를 통해, 그것들이 음악에 대한 이해가 아니라 한갓 세상에 대한 견해들에서 나왔음을 보여줄 따름이다. 그러니까 감상적 표현성과 고전적 정신의 이념적인 대립 앞에서, 쇼팽에게는 애초에 그런 대립이 존재하지 않으며, 몸과 마음으로 이해해야 할 노래가 있을 뿐임을 깨달아야 한다. 그의 모든 선율은 각자의 우연과 운명을, 자신만의 생명을 가지고 소멸의 순간 앞에 서는 노래다. 프루스트에게 피아노에 대해 배운 세 번째 사실이다. 음악의 진실은 모두 개별적인 행로의 진실이다. 쇼팽의 모든 감상적이고 환상적인 노래들, "백조의 긴 목 같은" 악절들은 돌아와야 할 곳으로 결연히 돌아왔다는 자각에 이르러 진정으로 가슴을 때린다. 캉브르메르 부인은 이 진실을 전하기 위해 발베크 해변을 찾아왔을지도 모른다.

주인공이 쇼팽을 호의적으로 언급하자 노부인은 감격을 주체하지 못한다. 쇼팽을 한물간 음악가로 깎아내리는 시선에 둘러싸여 한세월을 살다가, 비로소 자신의 오랜 사랑을 전달해 줄 수 있는 젊은이를 만난 것이다. 그녀는 주저없이 그를 예술가라고 부른다. "당신은 진정한 시인이세요. 그토록 감수성이 예민하시고 예술가라는 게 느껴져요. 우리집에 오세요, 쇼팽을 연주해 드릴게요." 나는 이만큼 아름다운 초대의 말을 읽어본 적이 없다. 그리고 애도 장면 직후에 그를 찾아온 피아니스트가 할머니의 분신이라는 생각을 지울 수 없다. 『잃어버린 시간을 찾아서』는 작가가 되는 꿈에 관한 이야기라고 하지만, 예술에 대한 참된 믿음을 간직하면서 주인공이 예술가가 되기를 진심으로 바랐던 어른은 그의 할머니가 유일했다. 그리고 그가 비로소 할머니를 상실한 슬픔의 시간을 통과했을 때, 이제 낯선 노부인이 찾아와 일러준다. 너의 꿈을 네게서 찾을 수 있을 거라고, 네 안에는 이미 한 명의 예술가가 살고 있다고.

아마 이 시절의 주인공은 자신의 꿈을 까맣게 잊고 있었을 테지만, 할머니들의 사랑은 늘 그렇게 모르는 사이에 우리의 삶을 채우고 있게 마련이다.

함께 들어볼 음악

- **로베르트 슈만** Robert Schumann **(1810~1856)**

— 〈환상소곡집(Fantasiestücke)〉, 작품번호 12, 제3번 〈왜(Warum?)〉

— 〈어린이 정경(Kinderszenen)〉, 작품번호 15, 제12번 〈잠든 어린이(Kind im Einschlummern)〉, 제13번 〈시인은 말한다(Der Dichter spricht)〉

— 〈크라이슬레리아나(Kreisleriana)〉, 작품번호 16, 느린 악장들, 특히 제4번

— 〈후모레스케(Humoreske)〉, 작품번호 20, 서두르듯이(Hastig), '내면의 목소리(innere Stimme)'

— 〈노벨레테(Noveletten)〉, 작품번호 21, 제8번, '멀리서 들려오는 목소리(Stimme aus der Ferne)'

— 〈분테 블래터(Bunte Blätter)〉, 작품번호 99, 제6번

— 〈새벽의 노래(Gesänge der Frühe)〉, 작품번호 133, 제1번

— 〈유령 변주곡(Geistervariationen)〉, 특히 제5변주

- **프레데리크 쇼팽** Frédéric Chopin **(1810~1849)**

— 〈안단테 스피아나토와 화려한 대 폴로네즈〉, 작품번호 22, 『스완네 집 쪽으로』의 연주회 장면은 이 곡을 염두에 두었을 가능성이 있다.

— 〈전주곡〉, 작품번호 28, 제4번

— 〈즉흥곡〉, 제3번, 작품번호 51

— 〈스케르초〉, 제4번, 작품번호 54, 중간 부분 주선율

— 〈뱃노래〉, 작품번호 60

— 〈녹턴〉, 제17번, 작품번호 62-1, 재현부 시작 직전, 60~67마디

- **더 궁금하신 분들을 위해: '뱅퇴유의 소악절'에 모델이 된 작품들**

— 카미유 생상스(Camille Saint-Saëns), 바이올린 소나타 제1번 D단조, 작품번호 75, 제1악장

— 리하르트 바그너(Richard Wagner), 〈파르지팔(Parsifal)〉, 제3막, 〈성 금요일의 마법(Karfreitagszauber)〉

— 세자르 프랑크(César Franck), 바이올린 소나타 A장조, 제4악장

— 리하르트 바그너, 〈로엔그린(Lohengrin)〉, 제1막 전주곡

— 프란츠 슈베르트(Franz Schubert), 〈바이올린과 피아노를 위한 환상곡〉 C장조, D. 934

— 가브리엘 포레(Gabriel Fauré), 〈피아노와 오케스트라를 위한 발라드〉, 작품번호 19

읽다 말다 또 읽다: 버지니아 울프의 프루스트

윤혜준

연세대학교 영어영문학과 교수. 영국 소설, 지성사, 비교문학을 주로 연구하고 있으나 시와 맺은 인연도 오래되었다. 영문학 외에 프랑스, 이탈리아, 독일, 에스파냐 문학도 가르치고 있다.

버지니아 울프는 책 읽고 책에 대해 글 쓰는 게 업인 부친의 딸로 태어나서 책 쓰고 책 출판하는 일을 업으로 삼다가 죽었다. 그녀의 원래 이름은 '애들라인 버지니아 스티븐(Adeline Virginia Stephen)'이다. 부친 레슬리 스티븐(Leslie Stephen)은 유복한 런던 중산층 가문 출신으로, 잡지 편집인, 평론가, 역사가 등으로 활동하며 이름을 날렸다. 그는 런던 출판계에서 상당한 영향력을 행사하던 거물이었다. 그녀가 자라난 런던 사우스켄싱턴과 블룸즈버리 저택에는 많은 책들이 서가에 꽂혀 있었고 부친과 친분이 있는, 또한 그의 환심을 사려는, 문필가들의 출입이 잦았다. 버지니아도 어릴 적부터 글재주를 보였지만 처음에는 부친처럼 남의 책을 읽고 품평하는 평론가로 활동했었다. 부친이 1902년 죽은 후, 그녀는 드디어 자유롭게 자신의 창작 활동을 시작할 수 있었다. 먼 훗날 그녀는 일기에서, 부친이 계속 살아 있었다면 소설가는 절대 될 수 없었으리라고 썼다. 그녀가 창작의 세계로 발을 내디딘 것은 서평가로 어느 정도 인정을 받은 후, 그리고 명문 집안 분위기에 맞지 않는 유태계 청년 레너드 울프와 결혼해서 '울프 부인(Mrs. Woolf)'이 된 후의 일이다.

레너드는 버지니아를 무척 배려했다. 둘 사이에는 자녀는 없었으나 둘은 많은 책들을 낳았다. 레너드는 그녀가 쓰는 소설들이 특이하고 상업적으로 별로 매력이 없기에, 맘 놓고 창작 활동을 하라고 아예 출판사를 하나 만들었다. 둘이 만든 '호가스 프레스(Hogarth Press)'는 버지니아 울프의 실험적인 소설들과 그녀와 친한 작가들의 작품을 출판했다. 울프의 작품 외에 가장 유명한 출판물은 지그문트 프로이트의 전집 영어 출판일 것이나, 이 기획은 울프가 죽은 후에 진행된 일이다. 호가스 프레스는 오늘날 다국적 출판 기업 펭귄랜덤하우스가 구매해 레이블로 사용하고 있다. 울프 생전에 호가스 프레스는 주로 울프의 작품을 위해 존재했던 출판사였다. 또한 울프의 명성에 힘입어 출판사도 큰 수익은 못 내도 망하지는 않을 수 있었다.

울프는 소설 외에도 평론, 에세이, 강연 원고 등의 산문을 출간했다. 물론 모두 호가스 프레스에서 나왔다. 소설에서는 아마도 『댈러웨이 부인(*Mrs Dalloway*, 1925)』이나 『등대로(*To the Lighthouse*, 1927)』가 한국 독자들에게 친숙할 것이다. 비

소설 산문 중에서는 페미니즘 문학론의 고전으로 추앙받는 『자기만의 방(*A Room of One's Own*, 1929)』을 제목으로라도 아는 이들이 많을 것이다. 영화의 원작이 된 작품 중에서는 『올란도: 한 전기(*Orlando: A Biography*, 1928)』를 대표로 꼽을 수 있을 것이다. 16세기 인물인 올란도가 30세 무렵에 갑자기 여성으로 변한 후, 계속 그렇게 살다가 여성으로 20세기까지 계속 살고 있다는 이야기는 몇 차례 영화로 만들어졌다. 그중에서는 샐리 포터 감독의 1992년 작품이 가장 유명할 것이다. 이의 작품들은 모두 한국에도 번역되어 있다.

울프는 생전에 써서 자신과 남편이 경영하는 출판사를 통해 세상에 선보인 책들 외에도, 1915년부터 죽기 며칠 전까지 일기를 썼다. 매일매일은 아니지만 비교적 꾸준히 일기장과 내밀한 대화를 나누었다. 그녀의 일기는 고스란히 보전되어 출판되었다. 울프의 소설에 대한 평가는 독자마다 다르겠지만, 딱히 극적이고 재미있다고 하기는 어렵다. 긴박한 플롯을 만드는 것 같은 데는 별 관심을 두지 않은 작가인 까닭이다. 오히려 그녀의 일기가 소설보다 더 재미있다고 할 사람도 적지 않을 듯하다. 나도 그중의 하나다. 이 일기들은 울프 본인의 자화상을 만들어내고 있을 뿐더러 다른 여러 사람들 이야기도 많이 나온다. 울프는 지인이 많았다.

당대의 유명한 문인들과 지식인들과의 만남, 이들과의 대화, 이들에 대한 평가 등이 자주 나온다. 또한 만나거나 사귀어보지 않고 그냥 글로만 아는 유명 작가들에 대한 그녀의 생각도 이따금 섞여 있다. 죽은 지가 오래되었으니 만날 수 없는 단테 알리기에리, 그녀와 같은 해(1882)에 태어나 같은 해(1941) 몇 달 일찍 죽은 제임스 조이스, 그리고 이 글이 소개하려고 하는 마르셀 프루스트도 그 일기 속에서 그녀가 독자로서 만난 작가들의 부류에 해당된다.

단테, 조이스, 프루스트, 이 세 작가 모두 울프와 직접 만난 적 없다는 점 외에도 울프의 일기 속에서 또 다른 공통점이 있다. 울프는 이 셋을 읽기 힘들어했다. 단테와 프루스트는 읽고 싶은 의지는 있었음에도 힘들었던 반면, 조이스는 읽고 싶은 의지도 없는 편이었다.

단테는 이탈리아 문학은 물론이요 서구문학의 거봉 중의 거봉이니, 진지한 문학적 성취와 나아가 의미 있는 새로움을 성취하려는 작가라면 그 누구건 단테를 의식하지 않을 수 없다. 울프 시대의 주변 분위기는 적어도 그러했다. 모더니즘 형식 실험을 주도하던 에즈라 파운드나 울프와도 친분이 깊었고 일기에서 늘 '톰(Tom)'으로 불리는 T. S. 엘리엇에게 단테는 절대적으로 중요한 위상을 차지하는 선배 작가였다. 울프의 일기에서 단테에 대한 언급은 빈번하지는 않지만 꾸준히 등장한다. 등장은 하지만 맘 편히 읽지는 못했던 것으로 보인다. 울프가 갖고 있던 단테 판본이, 편집자 주석의 내용처럼, 아버지 레슬리 스티븐의 서가에 꽂혀 있던 찰스 엘리엇 노튼의 이탈리아어-영어 대역본이었다면, 그녀가 단테 읽기에 주저한 것은 단지 언어적인 제약 때문은 아닐 것이다. 그녀의 고전 및 현대 외국어 수준도 결코 낮지 않았다. 대학 교육은 받지 못하고 집안에서 가정교육만 받은 울프지만 만만치 않은 수준의 교육이었다.

울프의 일기에서 가장 먼저 단테에 대한 언급이 발견되는 것은 1917년으로, "나는 단테를 펼치거나 생각할 때마다 부르르 떨린다."(11월 2일)라고 적고 있거나, "나는 『연옥』 중간을 지나가는 중인데, 뭔가 빽빽한 작품 같다는 느낌이 든다, 언어보다는 의미가 그렇다."(12월 5일)라고 썼다. 본인이 강조하듯, 언어가 아니라 '의미'가 문제였다. 단테의 문학 세계에 담겨 있는 죽음과 삶, 죄와 벌, 영벌과 구원에 대한 기독교적 시각을 울프는 쉽게 받아들이기 싫었다. 부친에게 물려받은 무신론이 그녀의 종교였던 까닭이다. 그녀는 말하자면 '모태 무신론자'였다. 친한 벗 '톰(엘리엇)'이 1927년 무신론을 버리고 성공회에 귀의하자 울프는 깊은 당혹감과 실망감을 일기에 토로한 바 있다. 그렇긴 해도 울프는 여전히 죽음과 삶이라는 실존적 문제를 직시하고자 했기에 단테에게 끌렸다. 하지만 그녀의 무신론 신앙은 '뻣뻣한' 걸림돌이었다.

읽다가 덮어둔 단테를 울프가 다시 펼쳐본 것은 그로부터 한참 후인 『파도(*The Waves*)』를 쓰던 시점인 1930년이다. 예를 들어 그 해 8월 20일, 작품을 쓰다가 단테의 『지옥』을 "한 삼십 분 정도 읽"곤 한다고 썼다. 울프가 단테를 계속 읽고 있다는 기록은 그 해 한두 번 더 나온다. 『파도』 원고 작업과 단테 읽기를 병행했던 것으로 추정된다. 10월 27일자 일기에서, "'파도' 작업에 매진하"다가 "잠시 짬을 내어 단테를 읽었다"고 적었다. 울프가 『파도』 작업을 마무리하며, 단테를 세심히 읽고 그러한 독서가 창작에 어느 정도 영향을 미쳤다고 추정할 수 있는 보다 뚜렷한 흔적도 찾아볼 수 있다. 그녀는 1930년 12월 22일자 일기에서 이 소설의 마지막 대사를 구상하고 있었다. 그리고 일기를 적은 일기장 반대편 백지에 단테의 『지옥』 26곡 94에서 102행을 원어 그대로 옮겨 적었다. 울프의 『파도』는 "아 죽음이여(O Death!)"라는 외침으로 끝난다. 그 외침은, 의인화 효과를 내는 대문자가 말해주듯, 죽음을 절대시하고, 신성시하고, 찬미한다. 그리고 단테의 독서는 『지옥』 26곡에서 멈췄다. 단테의 『신곡』은 『지옥』만도 26곡이 아니라 34곡까지 이어지고, 연이어 『연옥』과 『천국』까지 계속 나아간다. 단테의 세계는 죽음 후에도 삶이 이어지고, 이생과 저승이 서로 맞물린 채 하느님의 정의가 삶과 죽음을 다스리고 있음을 정제된 운율로 묘사하고 서술한다.

단테를 좋아하고 존경했던 동시대 모더니스트 중에는 파운드, 엘리엇 외에도 조이스도 있다. 그는 대학 학부 때 이탈리아 문학을 공부했고 이탈리아어 사용 도시인 (합스부르크제국) 트리에스테에서 오래 생활했기에, 울프보다 훨씬 더 단테를 친숙하게 여겼다. 또한 런던 문단의 중심부에 단단히 자리를 잡고 있던 울프와 달리 가톨릭계 아일랜드인 조이스는 트리에스테에서 스위스 취리히를 거쳐 파리로 와서 살았고, 그의 대표작 『율리시스(*Ulysses*)』를 런던이 아닌 파리에서 출판했다. 조이스는 1930년에 한 6개월 런던에 머물었던 적은 있으나 그때도 울프 등 런던 문단의 터줏대감들을 찾아뵙고 알현하지 않았다. 울프도 유럽 여행을 한 적은 있으나 굳이 파리에 가서 그를 만날 만한 이유는 없었다. 울프는 일기에서 『율리시스』나 조이스에 대해 거의 언급을 하지 않는다. 그녀는 당연히 조이스의 존재에 대해 잘 알고 있었고, 주위의 그에 대한 평가도 몰랐을 리 없으나, 조이스의 문학과는 의식적으로 거리를 두려 했던 것 같다. 『율리시스』를 다 읽었는지도 확실치 않다. 조이스가 죽었다는 소식을 적은 1941년 1월 15일자 일기에서 울프는 그녀와 남편이 운영하는 호가스 프레스에 조이스를 적극 후원하던 아일랜드 정치가 해리엣 위버가 『율리시스』 원고를 들고 찾아왔던 일을 다음과 같이 기록하고 있다.

> 조이스가 죽었다—나보다 한 보름 젊은 조이스가. 미스 위버가 기억난다, 털장갑을 끼고, 율리시즈 타자 원고를 호가스 사무실 탁자에 얹어놓았던 걸… 그녀는 물었다, 우리가 그것을 인쇄하는 데 우리의 삶을 헌신할 용의가 없냐고. 외설적인 페이지들은 그녀와 몹시 서로 안 어울리는 듯 보였다. 그녀는 노처녀처럼, 온통 단추를 채운 모습인데. 페이지들은 연신 외설로 넘쳐나니… 그(조이스)가 사무실에 있었으나, 난 그를 전혀 보지 않았다.

이후에 호가스 프레스로 찾아온 다른 문인들이 그 원고를 보고 조이스를 칭찬했다고 언급은 하고 있으나, 그것뿐이었다. 자신보다 보름 먼저 태어난 조이스가 죽은 지 두 달 후에 울프도 목숨을 스스로 거뒀다. 둘이 사후세계 어디선

가에서 마주쳤을 수도 있으나, 그것을 아직 죽지 않은 우리는 알 길이 없다.

조이스의 『율리시스』를 울프 부부가 호가스 프레스에서 출간하는 사건은 벌어지지 않았다. 울프는 그래도 조이스를 D. H. 로렌스에 비하면 덜 싫어했다. 조이스처럼 영국을 떠나 살다 죽었을 뿐더러 조이스보다 더 심하게 신구대륙 여러 곳을 돌아다니며 살았던 로렌스를 런던 문인 울프가 만날 기회는 없었다. 그러나 그도 나이가 비슷한(1885년생으로 울프보다 3년 아래) 유명한 동시대 인물이라 로렌스 작품에 대한 생각은 갖고 있었다. 울프는 로렌스가 1930년에 죽은 후 출간된 그의 편지들을 언급하며 생각을 정리해 놓았다. 로렌스는 일단 "나와 공통점이 없는" 인물이라 "그를 읽으며 내가 탈출할 필요도 느끼지 않"는다. 그는 "공기 없이 갑갑한" 작가고, "한 가지 관념을 반복하는 것, 그것은 나는 원치 않는다"(1932년 10월 2일)고 썼다.

단테나 조이스, 로렌스에 비하면 프루스트는 울프의 일기에서 매우 친절한 대접을 받는 셈이다. 그는 친근한 이름처럼 자주 등장한다. 프루스트의 『잃어버린 시간을 찾아서』 1권 『스완네 집 쪽으로』가 출간된 해는 1913년, 버지니아가 한 해 전인 1912년에 레너드와 결혼했고 이제 본격적으로 작가로서 꿈을 펼칠 준비를 하던 시기다. 그녀의 일기는 1915년부터 시작되지만, 프루스트라는 이름이 등장한 것은 1918년이 최초다. 지인인 화가 로저 프라이가 파리에서 지내다 귀국해서, 열정적으로 프루스트를 칭송하는 말들을 쏟아냈다는 기록이 그 해 4월 18일자 일기에 나온다. 프랑스 왕래가 잦았고 그쪽 문화를 깊이 이해했던 프라이는 영국 문단에 프루스트를 일찍이 소개한 선구자다. 프라이는 울프도 자주 글을 발표한 한 유명 서평지 〈타임즈 문학 부록〉에 프루스트 작품 서평을, 작품이 나온 1913년에 바로 기고한 바 있었다. 프라이는 후에도 늘 기회만 되면 프루스트 이야기를 했으나 아직 울

버지니아 울프에게 프루스트를 소개한 화가 로저 프라이의 자화상

프는 그를 읽을 마음이나 겨를은 없었다.

몇 년이 더 지난 1922년 8월 3일자 일기에 마침내 프루스트를 읽기 시작했다고 적었다. 그때는 그녀의 『제이컵의 방(*Jacob's Room*)』이라는 실험적 소설이 성공해서 상당히 뿌듯해하고 있던 시기다. 주위에서 자신을 "최고의 여성 작가"라고 칭찬했다고 기록하며, 남편과 자기가 "명사가 되었다"고 뻐기기까지 한다. 그러다 갑자기, "나는 조이스와 프루스트 빚을 심하게 지고 있다"는 말로 글이 흘러간다. 읽어야 하는데 못 읽은 게 빚이라는 말이다.

울프가 프루스트를 읽기 시작한 1922년은 조이스의 『율리시스』가 나온 해이기도 하다. 『율리시스』를 그녀도 읽고 있기는 했으나 별로 호감은 표명하지 않았다. 『율리시스』는 읽으면 읽을수록 "점점 더 싫어지"는 작품이고 "점점 덜 중요한" 책 같아 보이기에, "그 뜻을 열심히 파악해 보려는 수고는 하지 않으려 한다"고 그 해 8월 26일 자에 적고 있다. 반면에 프루스트에 대해서는 점점 더 호의적인 느낌을 받았다. 주위 지인들이 프루스트를 칭송하는 말을 들으면 들을수록, 더 많이 읽어야 한다는 다짐도 한다(1923년 1월 7일). 심지어 자신이 프루스트의 영향을 받고 있지 않는지 반문하기도 한다. "그의 프랑스어, 전통, 등등이 그걸 방해하지만, 그가 모든 소재들을 다루는 솜씨는 워낙 화려해서 거기서 뭔가를 배우지 않을 도리가 없다"(1923년 2월 10일)라고 썼다. 울프가 자신의 대표작 중 하나인 『댈러웨이 부인』 원고 수정을 하던 1924년 11월 18일에 다음과 같이 적고 있는 것을 보면, 프루스트를 계속 의식하고 있었음을 알 수 있다.

> 우리는 집단을 보고, 전체, 일반적인 인상들을 얻고, 여러 가지를 배합하지. 프루스트는 아마도 내가 하려는 말을 표현할 수 있을 거야. 그는 정말 대단한 작가라서, 내가 교정 보면서는 읽지 못하겠어. 어찌나 파고드는지. 그는 마치 글 쓰는 게 쉬운 일인 듯 보이게 해, 그렇게 말하는 게 결국 빌려 신은 스케이트 신고 스케이트 타는 셈이긴 하지만.

자신도 프루스트처럼 "인상들을" 수집하는 창작을 하지만, 프루스트는 쉽게 스케이트를 타듯 글을 쓰는데 자신은 그렇지 못하다는 생각을 이렇게 표현했다. 『댈러웨이 부인』을 탈고한 후에도, 프루스트는 여전히 그녀의 곁을 떠나지 않았다. 다음 해인 1925년 4월 8일, 그녀는 자신에게 이렇게 묻고 있다.

이번에는 내가 뭔가 성취했는지 모르겠네? 글쎄. 프루스트에 비하면 아무것도 아니지, 지금 완전히 그에게 내가 박혀 있잖아. 프루스트가 대단한 것은 그가 극도의 감수성과 극도의 집요함을 배합시킨다는 것. 그는 나비처럼 펄럭이는 그림자들을 마지막 알갱이까지 찾아서 끄집어내거든. 그는 현악기 선처럼 단단하고 나비의 꽃 색깔처럼 금세 사라지지. 그러니 그는 아마도 내게 영향을 줄 것이고 동시에 내가 쓰는 모든 문장들과 나를 불화하게 만들 것 같아.

한 대가가 다른 대가에 대한 진솔한 칭찬이자 열등감을 고스란히 담아놓은 매우 드문, 따라서 값진 기록이라 할 만하다.

그렇다면 울프는 프루스트를 얼마나 읽었을까? 모든 프루스트 독자들이 스스로에게, 또한 서로에게 물어봄직한 이 질문을 우리는 그녀에게도 던질 수 있다. 프루스트를 상당히 깊이 이해한 1925년에도 여전히 그녀는 "프루스트를 끝까지 읽고 싶다"(1925년 7월 20일)고 쓰고 있다. 그녀가 말하는 "프루스트"는 아마도 1권 『스완네 집 쪽으로』일 것이다. 프랑스어로 읽으니 더 진도가 더디기도 하겠으나, 그 외에도 다른 심리적 요인들이 작용했을 법하다. 영향에 대한 불안?

혹은 프루스트에게 너무 압도당하면 자신이 추구하는 창작 자체가 위태로워지리라는 걱정?

그로부터 3년 후인 1928년, 울프는 『올란도』를 쓰고 있었다. 『올란도』는 위에서 그 내용을 소개한대로, 근본적으로 유머와 풍자가 큰 비중을 차지하는 희극적 소설이다. 세밀한 소품에 대한 집중이나 개인의 성격에 대한 차분한 분석 등은 『올란도』의 굵직굵직한 문장들 속에 끼어들 여지가 없다. 모든 면에서 『올란도』는 프루스트의 소설 세계와는 매우 다르다. 따라서 그녀가 "나는 지금 프루스트를 읽을 수 없다."(5월 31일)라고 단언하는 것은 어쩌면 당연하다. 울프는 저녁에 쉴

버지니아 울프, 프루스트를 읽다 말다 하던 1927년 사진

겸 프루스트를 집어 들었다가 다시 내려놓았다는 기록도 있다(1928년 6월 20일). 같은 해 "프루스트를 좀 읽으려 한다, 아마도. 앞뒤로 왔다 갔다 건너뛰며"(1928년 11월 28일)라고 쓰고 있는 울프는 그 다음 해에도 프루스트를 읽는 것을 미래 시제로 언급하며, 하려는 의도와 계획의 목록 속에 넣어둔다(1929년 5월 13일).

울프는 프루스트를 계속 끼고 다니긴 했다. 1934년 남편과 아일랜드로 여행했을 때도 프루스트를 챙겨서 갔다. 그러나 읽지는 못했다. 호텔 거실에서 다른 아주머니들이 워낙 시끄럽게들 떠드는 바람에 "프루스트를 전혀 읽을 수 없었다."(1934년 5월 3일). 대신 예쁜 포장지를 사서 프루스트 책을 싸놓는 재미는 즐겼다(같은 해 7월 22일). 그 기록이 울프의 일기에서 프루스트에 대한 마지막 언급이다. 다시 말해 더 이상 프루스트를 읽고, 느끼고, 생각하고, 도전받는, 그러한 생산적 독서는 없었다고 추론할 수 있다.

읽기와 쓰기는 서로 동전의 앞뒤처럼 맞물려 있다. 읽지 않고 쓰기만 하는 작가는 존재할 수 없다. 울프는 물론이요, 이 글에서 언급한 단테, 조이스, 로렌스, 엘리엇 등, 모두 엄청난 독서가들이다. 프루스트 읽기와 소설 쓰기 사이에 걸쳐 있는 울프의 일기. 그것은 왕성한 창작가가 '자기만의 방'

속에서 펼쳐본 글쓰기의 거울일 뿐더러, 문학이라는 세계의 장미꽃 잎사귀들이 정교하게 겹쳐 있는 아름다움을 드러내 주는 희귀하고 소중한 사진첩이다.

프루스트에게
배우는
일상의 글쓰기

오선민

동화인류학자, '인문공간 세종' 연구원. 프루스트에게 글쓰기란 삶을 무한하게 누리는 기술이라는 것을 배운 뒤 온갖 종류의 글을 쓴다. 『자유를 향한 여섯 번의 시도』, 『슬픈 열대, 공생을 향한 야생의 모험』, 『미야자키 하야오와 일상의 애니미즘』 등을 썼다.

『잃어버린 시간을 찾아서』는 어느 한량이 긴 세월에 걸쳐 일어난 자기 삶의 에피소드들을 천천히 음미하는 소설이다. 속도감 있는 진보야말로 선한 것이 되어버린 우리 시대에, 번역된 분량만으로도 3천 쪽이 넘는 소설을 붙잡고 있는 것은 대단한 사치일지도 모른다. 눈 뜨면 새로운 정치, 사회, 연예 뉴스로 업그레이드하기 바쁜 요즘 누가 그만큼의 여유를 가질 수 있을까? 참으로 시간을 잃어버리기로, 즉 시간 낭비를 큰 윤리적 흠결로 보는 이 시대에 저항하기로 작정한 사람만에게만 가능한 일이다. 그런데 사실 허둥지둥 분주하기만 한 지금이야말로 마르셀 프루스트의 느긋한 소설이 필요하지 않을까? '시간을 잃어버리는 삶'이라는 화두야말로 숨차게 유행을 뒤쫓고만 있는 우리 일상에 무게중심을 가져다 줄 것이다.

프루스트의 세계로 들어가는 일상의 입구를 조금 구체적으로 찾아보자. 생활의 많은 순간이, 특히 인간의 지적 활동 대부분이 인공지능에 깊이 의존하는 시대로 들어가고 있다. 챗GPT류의 생성형 AI는 낯선 외국을 여행할 때 찾아가면 좋을 관광지라든가 숙박, 맛집에 이르기까지 나의 취향과 필요를 고려해 즉시 알려준다. 우크라이나 전쟁이라든가 미국과의 관세 문제, 심지어 전 지구적 차원의 기후 변화까지 예측해준다. 때문에 귀한 역사 자료를 찾고 검토하기 위해 국회도서관을 직접 찾아가거나, 심오한 철학을 배우고 정신을 수련하기 위해 힘들여 강호의 고수를 찾아가는 일은 어쩐지 시대에 뒤진 일이 된 느낌이다. 뭐든 금방 알 수 있고 해결할 수도 있을 것 같으니 천천히 혼자 문제를 묵히고 음미하며 해결을 위해 분투하기란 어리석어 보인다.

최근에는 AI가 구두로 진행한 회의 내용이나 전화 통화를 따로 요약해주는 것이 주목받는다고 한다. '요약'이란 기본적으로 다양한 차원의 정보를 카테고리화해서 몇 개의 키워드로 응축하는 일이자, 상이한 수준에 있는 지식을 엮어서 맥락을 구성하는 지적 활동이다. 친구 하나가 남편과 크게 다투며 주고받은 문자들을 AI에게 요약시킨 일이 있었다. 재치있게도 '내 맘 알지?'라고 한 줄로 정리하는 문구가 떴다고 한다. 대화 속에는 반복되는 두 사람 사이의 오해 포인트와 지나친 다툼으로 번지지 않도록 하는 중재의 묘가 담겨 있었다. AI는 두 사람 사이의 긴장감 넘치는 오해와 갈등의 표면을 뚫고 '나를 알아주면 좋겠어'라는 사랑 메시지를 찾아낸 것이다. 깜짝 놀랄 일이다.

이런 사랑의 기술이 인간에게 원래 있었는지조차 아득해지는 요즘이다. 확실한 것은 AI와 함께이든 아니든 이런 상황 포착과 의미 발견의 능력이야말로 지금 우리에게 필요하다는 점이다. 요약은 일상적으로 접하는 많은 정보들 사이에서 길을 찾고, 궁극적으로 내가 가져가야 할 문제에 대해 방향을 정해주기 때문이다. 더 많은 '좋아요'가 붙은 정보가 아니라, 나의 상황에 딱 맞는 해결점을 찾는 안목을 기르려면 사태를 전방위적으로 보고 중요도를 따지는 직관력이 있어야 한다. 이런 종합적 판단력이야말로 가속화된 세계 안에서 흔들리지 않고 자기 삶을 돌볼 수 있게 할 것이다. 그리고 바로 이 지점에서 우리가 프루스트와 만날 수밖에 없는 이유가 생긴다. 『잃어버린 시간을 찾아서』는 일상을 보다 넓고 깊게 바라볼 수 있는 힘을 길러준다.

화두를 든 키잡이

프루스트와 '요약 능력'에 무슨 상관이 있을까? 단적으로 말하면 프루스트가 제시하는 행복한 삶의 핵심에 요약의 문제가 있다. 프루스트 식으로 바꾸어 말하면 '자기 삶의 키워드 포착하기'가 된다. 『잃어버린 시간을 찾아서』는 부유하고 교양이 풍부한 한 사나이가 장년이 되도록 장래 희망을 고민하는 이야기이다. 남부럽지 않은 재산과 그 주변을 둘러싼 화려한 인맥은, 주인공에게는 어린 시절부터 원하기만 하면 무엇도 할 수 있는 기회로 제시되었다. 하지만 바로 그렇기 때문에 그는 시간이 자신의 얼굴에 주름을 새기고 무릎 연골을 휘청이게 만들 때까지 도대체 뭘 하며 살아야 할지 결정하지 못한다. 풍요로운 정보의 네트워크 안에서 자주 길을 잃는 현대인들이 떠오르는 설정이 아닌가?

그는 죽음을 앞두고 자신의 소명을 깨닫는다. 바로 글쓰기다. 이 작품의 마지막인 『되찾은 시간』에서 그는 복잡다단했던 자기 일생을 하나의 화두로 요약해간다. 그러면서 존재함의 진리를 통찰하는 데에 이른다. 인생이란 시간 예술이며, 각자는 누구나 하나의 예술작품이라는 것이 그의 결론이 된다. 우리 각자도 자기 인생에 깃든 예술적 가치, 그 생의 본질적 의미를 찾아낼 수 있다면 얼마나 좋을까? 주인공은 자기 삶의 가치를 글쓰기를 통해 구할 수 있었다. 작가 프루스트 자신도 마찬가지였다.

과감하게 말하자면, 프루스트는 『잃어버린 시간을 찾아

서』를 통해 우리 모두 글을 써야 한다고 주장했다. 글쓰기는 어떤 경우에도 소외 없는 충만한 인생으로 우리를 인도하기 때문이다. 글을 쓰려면 우선 글감을 찾아야 하고, 그것들을 통해 가치 있는 어떤 주장을 뽑아내야 하며, 내용을 기승전결의 맥에 따라 차례로 배분해야 한다. 단순히 부르주아 소년의 마구잡이식 방황기인 것 같지만 『잃어버린 시간을 찾아서』도 바로 그런 방법으로 기획되고 집필되었다.

프루스트는 끊임없이 세월을 낭비하는 것처럼 보이는 대귀족 샤를뤼스 씨의 엽기적인 애정 행각 장면을 그릴 때에도 나중에 화자가 샤를뤼스 씨의 사랑을 어떻게 종합하고 해석하는지 보여줄 계획을 갖고 있었다. 그랬기에 사교계의 한량이라는 비웃음을 받기도 했지만, 아랑곳하지 않고 늦게까지 파티장에 앉아 있었다. 프루스트는 자신의 주인공이 한 번뿐인 인생을 소중하게 여기게 되는 순간을 쓰려는 목표도 놓치지 않았다. 때문에 당대의 유행하는 문학적 스타일이나 세간의 평가에도 흔들리지 않았다. 프루스트에게 세상은 써볼 만한 것으로 가득찬 유토피아와 같았다.

무의미한 하루에 주의를 두는 일

이제 『잃어버린 시간을 찾아서』를 통해 프루스트가 제시하는 일상의 소외극복, 자기 삶의 구원을 닦는 법을 알아보자. 산만하고 일견 무의미해 보이기조차 하는 매 순간 어떻게 하면 중심을 잃지 않고 자기 글을 쓸 수 있을까? 프루스트가 글쓰기론을 펴는 것은 마지막 권인 『되찾은 시간』에서다. 프루스트에 따르면 글쓰기란 시간을 되찾는 일이다. 그럼 어떻게 시간을 되찾을 수 있는가? 프루스트의 화자는 하릴없이 소녀들이나 귀부인들 뒤꽁무니를 쫓고 사교계를 어슬렁거리다가 그만 훅 늙어버린다. 그런 끝에 갑자기 시간을 되찾는 길을 발견한다. 작품 속에서는 긴 세월 자신이 기웃거렸던 수많은 사람들이 모인 파티장에 들어가다가 돌부리에 걸려 넘어지는 것부터 설명이 시작된다. 길바닥에 갑자기 주저앉게 된 프루스트의 화자를 따라가면, 우리도 글쓰기와 관련된 네 가지 스텝을 배울 수 있다.

첫째는 포착하기다. 일단 프루스트는 뭔가 위대하고 멋진 세상사에 주목할 필요는 없다고 한다. 많은 사람들이 알아보는 업적이라든가 사회적으로 공인된 활동 같은 것이 우리 자존을 키워주지는 않는다. 그의 주인공인 마르셀은 긴 세월 옳고 마땅한 것을 찾아다니다가 별 성과 없이 늙어간다. 그러다가 그는 알게 된다. 유의미한 역사적 사건이나(예를 들면 드레퓌스 사건), 중요한 명사들(게르망트 공작부인이나 라베르마와 같은 대배우)이 실은 오래된 습속과 어리석인 욕망으로 자기 인생을 돌보지 않고 뒤틀린 모습으로 살고 있다는 것을. 마르셀이 존경했던 스완 씨는 유명한 미술가(보티첼리)에 대한 애호에 빠져, 화가가 그린 인물과 닮은 여인 오데트와 사랑에 빠지고 말았다. 하지만 그 여인은 밤마다 거짓말을 하고 애인을 배반하는 요부에 불과했다. 결국 스완 씨는 오데트의 위선을 다 알아차리고도 허영을 내려놓지 못해 그녀와 결혼을 하고 말았다. 왜냐하면 스완 씨는 자신의 권태와 허영을 인정하고 거기서부터 생각을 시작하는 일을 감당하기 귀찮았기 때문이다.

과연 무엇을 포착해서 글감으로 삼아야 할까? 프루스트는 두 가지를 제시한다. 하나는 실패다. 특히 사랑의 실패다. 내가 갖고 있던 누군가에 대한 욕망은 실패한 사랑에서 낱낱이 드러난다. 첫사랑 질베르트는 그녀 아버지인 스완 씨에 대한 마르셀의 동경을 말해줄 뿐이었다. 동성애자로서 화자의 속을 썩혔던 알베르틴은 누군가를 소유하는 것을 사랑이라고 생각한 화자의 망상을 보여주었다. 오해와 배반으로 점철된 사랑에서 드러나듯, 우리에게 열패감을 주는 모든 것은 내가 가졌던 상식의 한계를 역으로 보여준다. 그런 의미에서 실패야말로 내가 어떤 사람인지를 가장 잘 보여주는 표식이 된다. 프루스트는 바로 이런 주제로 글을 쓰면 우리는 자기에 대해 참된 전문가가 될 것이라고 한다. 실패가 많은 이는 자신에 대해 더 많이 알게 될 기회를 얻을 것이다. 프루스트가 보기에 세상이 어떻게 돌아갈지를 아는 것, 세상의 이치를 아는 것은 나 자신의 진실을 아는 것보다 중요하지 않다.

프루스트가 제시하는 두 번째 글감은 '일상'이다. 실제로 프루스트는『잃어버린 시간을 찾아서』에서 주인공의 간난신고를 박진감 넘치게 그리지 않는다. 프루스트의 '주인공'은 영웅과는 거리가 멀다. 그가 겪은 사랑은 짝사랑에 스토킹까지 대단한 진정도 느낄 수 없는 것이었고, 작품이 끝날 때까지 예술적으로는 어떤 직업적 성취도 이루지 못한다. 프루스트가 이렇게 주인공을 형상화한 것은 마르셀이 얼마나 멋진 인간인지보다 그가 사람들을, 주변을, 구체적으로 어떻게 느끼는지를 그리려 했기 때문이다.

마르셀은 놀라운 포착력으로 자기 주변 사람들의 인상이 변하는 것을 관찰한다. 스완 씨의 눈꼬리라든가 그의 아내 오데트의 안면 근육의 떨림 같은 것 말이다. 프루스트의 소설 속 포인트는, 누군가 실연으로 죽고 못 살아도 그 주위로는 온갖 일들이 벌어진다는 것이다. 그러니 참으로 흥미롭다. 덕분에 독자는 주인공이 실연으로 끙끙거릴 때에도 세상이 잘 돌아간다는 것을 알 수 있고, 결국 그가 상심에서 회복될 것도 예견할 수 있다. 우리는 프루스트 작품 속 화자를 통해 다루게 되는 수많은 지엽적 사건에서, 실연과 같은 실패도 중요한 글감이지만 생각할 만한 것, 쓸 만한 주제들이 더 많은 것이 인생이라는 점을 알 수 있다.

작품 속 화자는 일생에 세 번 강력하게 뭔가 쓰고 싶은 계기를 만난다. 소설 속 주인공의 인생 시점을 따라 정리하자면 첫 번째는 유년 시절을 보낸 시골 콩브레에서 일어난다. 마르탱빌 성당의 종탑이 어른거리며 마차를 타고 움직일 때마다 모습을 달리하는 장면은 그 자체로 화자에게 큰 감동이었다. 두 번째는 장년이 된 후인데, 어느 추운 날 평소에는 먹지 않는 마들렌 과자를 어머니께서 홍차와 함께 내어주셨을 때이다. 그는 과자 한 입에 지복을 느꼈다. 인생 전체가 자기 내면의 깊은 곳에서 큰 아름다움으로 다시 펼쳐짐을 경험한 것이다. 세 번째는 말년에 게르망트 댁의 큰 파티에 참석할 때 마당에서 작은 돌부리에 걸려 넘어졌을 때이다. 이때도 갑자기 과거의 여러 기억들이 파도처럼 몰려와 그는 커다란 환희감에 빠지게 된다.

이 세 가지는 누구나가 경험할 수 있는 사소한 사건들이다. 프루스트는 뭔가를 깨닫기 위해서 사막을 물 없이 간다든가 하는 극한 체험이 필요한 것은 아니라고 말한다. 우리는 평범한 하루 안에서도 얼마든지 생각할 거리를 발견할 수 있다. 실제로 하녀 프랑수아즈가 요리를 하는 과정을 길게 묘사하고, 콩브레의 종탑에 대해 묘사하는 부분을 읽고 있으면 '프루스트에게는 쓰지 못할 것이란 하나도 없구나'하는 생각이 든다. 친구와 차를 마시고 거리를 산책하는 마르셀의 사소하면서도 감각적인 일상은 하나하나가 참 귀한 순간임을 알려 준다. 길 위를 구르는 돌멩이 하나도 글감으로 올 때에는 귀해지지 않는가?

『잃어버린 시간을 찾아서』를 읽었던 당대의 독자들은 페이지마다 자기 모습을 발견했다고 한다. 우리도 이렇게 한번 상상해보면 어떨까? 프루스트가 책상 위에 앉아 있는 나를 본다면? 약속이 있어 막 현관문을 나서는 나를 본다면? 프루스트의 눈에는 모든 것이 쓸 만할 것이다. 하물며 그런 나를 내가 쓰면 어떻게 되겠는가? 나 자신의 일분일초가 얼마나 귀한지를 철저하게 느끼게 될 것이다. 그리고 이것이 프루스트의 작품을 읽으면 성스럽다는 느낌을 받게 되는 이유이다. 존재하는 모든 것 안에서 이야깃거리를 발견하기란 곧 우주 전체의 신성을 느끼기와 다르지 않다. 사소한 것을 진심으로 쓸 때 나 역시 신성한 존재가 된다.

작은 것의 큰 의미

일상의 관찰이 중요한 까닭은 글쓰기의 두 번째 스텝과 관련되어 있다. 둘째는 포착한 것을 내면에서 인지하려고 노력하고, 심층부까지 환하게 밝히기이다. 프루스트가 일상의 관찰을 강조한 것은 글쓰기에서 중요한 바가 '무엇을' 쓰는가가 아니라 '무엇이든' 쓸 수 있어야 한다는 점에 있기 때문이다. 그런데 무엇이든 '쓰기만' 할 수는 없다.

생활의 다양한 에피소드는 그 자체로는 '글'이 되지 않는다. 프루스트는 '내가 마들렌 과자를 홍차에 적셔 먹었다'의 형식으로 있는 그대로의 사실을 써서는 안 된다고 한다.* 또 '그때 먹은 과자는 길쭉한 조가비 모양이었고 버터가 적당히 들어가 있어 식감이 과히 퍼석하지 않았다'처럼 묘사문으로 써도 안된다고 한다.** 최악은 유명한 문구에 빗대기이다.

* 마르셀 프루스트, 『되찾은 시절』, 이형식 옮김, 펭귄클래식, p. 303.

** 위의 책, p. 310.

'마들렌 과자 한 잎의 맛은 천국으로 우리를 안내한다!'

프루스트는 우리로 하여금 느끼고 생각하기를 촉구하는 인상이 있다면 그것이 무엇이든 붙들고 그 보편적 의미에 대해 생각하기를 시도하라고 한다. 음미하고 음미하면서 마들렌 과자 한 입 먹기 사건의 의미에 대해 탐구해야 한다는 것이다. 그러기 위해서는 과자를 좋아하는 친척이나 친구들의 표정, 프랑스 과자 문화의 역사, 전 세계 인류의 식사 예절까지 전방위로 관련된 생각들이 일어나도록 마음을 열어야 한다. 그런 다음에 사람은 언제 누구와 과자를 먹게 되는지, 왜 인간은 밥이나 빵이 아니라 과자까지도 먹어야만 하는지, 그 밖에 떠올릴 수 있는 모든 보편적 정황을 거침없이 따라가야 한다.

프루스트의 화자는 튀어나온 게르망트가 마당의 포석에 걸려 넘어졌을 때, '수많은 장면 속을 살아가는 한 사람 한 사람'에게 공통된 내적 진실에 이르려고 노력한다. 그러면서 '시간'이라는 한 단어로 자기가 넘어진 사건을 압축한다. 화자가 했던 이런 종합적 사고가 바로 앞서 챗GPT가 했던 요약, 다른 말로 하면 키워드 잡기, 보편적 진실의 메시지 찾기이다. 그리고 바로 이것이 프루스트가 말하는 '되찾은 시간'의 의미이다. 프루스트에게 '시간 되찾기'란 단지 잊고 있었던 기억을 반복재생하는 일이 아니다. 예를 들면, '사랑'이라는 보편적 주제로 내 과거의 모든 경험, 들었던 모든 연애담을 한꺼번에 길어 올리는 일이다. 내 실연의 한 조각을 인류애의 위대한 정신활동 속에서 조망하는 방식인 것이다.

이런 시간 되찾기는 쉽지 않다. 왜냐하면 자신이 생각했던 사랑에 대한 모든 상식적 이미지를 다 내려놓아야 하기 때문이다. 프루스트의 마르셀은, 질베르트의 엄마인 오데트가 보여주는 게으른 모성애에서부터 그의 할머니가 보여주는 헌신적인 모성애에 이르기까지, 풋풋한 첫사랑에서부터 질투와 거짓이 뒤범벅된 치정극 더 나아가 이성애적 통념을 과감하게 돌파하는 동성애까지 모조리 검토했다. 이렇게 시간을 되찾으려면 사랑에 대한 환상, 소위 객관적인 믿음들과 거리를 두어야만 한다. 더 나아가, 나 자신의 일회적 경험을 인류사적 사건으로 보기 위해서는 소심한 자기애 같은 것이야말로 과감하게 던질 수 있어야 한다. 그래서 프루스트는 글쓰기에는 '용기'가 필요하다고까지 말한다.

그뿐 아니다. 무엇보다 시간 되찾기 작업에는 시간이 필요하다. '다른 사람도 아니고 나는 왜 이 맛에 반응하는지?', '맛과 행복감 사이의 논리적 관계가 과연 있는지?'를 추적하기 위해서는 집중적으로 이 문제를 고민해야 한다. 돈을 벌고 사회적 지위를 높이기에도 바쁜 일상을 딱 끊고 일견 사소해 보이는 과자 문제에 달려들지 않으면 안 된다. 그 시간에 할 수 있는 자기계발이라든가 주식투자 등, 상식적인 활동 전부를 다 내려놓아야 할 것이다. 대책 없이 바쁘기만 했던 일상을 사소한 인상 분석에 바쳐야 하니 이 또한 용기가 필요한 일이라고 할 수 있겠다.

정말 한 편의 글을 쓰기 위해 이렇게까지 해야 할까? 다시 일반적인 우리의 생활로 돌아오자. 오늘 하루 지하철을 타고 직장에 가서, 동료와 상사와 이런저런 일을 벌이고 수습하며, 겨우 퇴근해서 책이나 영화를 보고 마무리하는 이 사소한 하루도 한 줄로 요약하려면 아침밥, 사무실, 점심 식사, 퇴근길 등을 장면장면 끊어 분석하고 공통점을 찾아야 한다. '바쁜 하루'가 되었든지 '외로운 직장'이 되었든지 '돈이 필요해'가 되었든지, 공통점 자체는 중요하지 않다. 여기에서 옳고 그른 점을 따질 필요가 없다. 대신, 이런 사소한 장면들을 애써 종합하고 의미를 부여할 때 비로소 우리는 그 바쁘고 외롭고 돈이 필요한 순간으로부터 벗어나서 조금은 상위 관점에서 나를 내려다볼 수 있게 된다. 돈을 벌더라해도 어떻게 해야 덜 숨차고 덜 쓸쓸하지 않을 수 있는지 생각할 여지가 마련되는 것이다. 이렇게 확장된 시야를 확보

할 수 있는 이라면 분명 시간을 되찾을 수 있다.

쓰고 또 쓴다면

프루스트가 제안하는 글쓰기의 마지막 스텝은 '예술'이다. 앞에서 살펴본 바대로 무의미한 삶의 편린들을 종합해서 의미를 부여하는 일은 글을 통해서만 가능하다. 프루스트가 예술적 차원에서 글을 쓰라고 했다는 것을 출간해서 유명한 작가가 되라는 말로 받아들일 필요는 없다. 프루스트의 화자, 마르셀도 '작품을 써야겠다'는 결심을 할 뿐 책을 펴내지는 않는다.

> 요컨대 […] 마르땡빌의 종루들 풍경이 나에게 주었던 것과 같은 인상들의 경우건, 고르지 못한 두 포석이나 마들렌느 과자의 맛이 촉발한 어렴풋한 추억의 경우건, 그 느낌들을 어떤 법칙들 및 개념들의 징후인 양 해석하려 노력해야 했고, 내가 느낀 것에 대해 사유를 펼쳐, 그것을 어슴푸레함으로부터 나오게 한 다음 하나의 지적 등가물로 변환해야 했다. 그런데 나에게는 유일할 것처럼 보이던 그 방법이, 하나의 예술품을 창조하는 것 말고 무엇이었겠는가?
>
> 『되찾은 시절』*

『잃어버린 시간을 찾아서』에는 음악가, 화가, 오페라 가수 등 다양한 예술가들이 나온다. 하지만 프루스트는 일상의 구원은 오직 글에만 있다고 강조한다. 왜냐하면 글쓰기란 초급의 문자 교육만 받으면 누구나 언제라도 할 수 있는 일이기 때문이다. 음악이나 회화는 그 표현 기술 자체를 익히는 데에 아주 많은 시간이 든다. 그런데 글쓰기 수련에는 선생님조차 필요하지 않다. 우리 각자가 써내야 할 것은 '자기 인생'의 보편적 진실이기 때문이다. 그것을 탐구하고 싶은 욕망, 그 진실에 다가가는 기예는 누가 가르쳐줄 수 있는 것이 아니다.

그런데 이런 편리한 점에서 출발할 수는 있지만 계속 써 나가는 일에는 수련이 필요하다. 글쓰기는 음악이나 회화와 달리 어떤 논리성을 요구하기 때문이다. 내 실연으로부터 시작해서 인류 보편적 사랑이라는 테마에 도달하기 위해서는, 하나하나 지엽적인 부분을 떼어 내고 '사랑'의 본질에 대한 통찰로 나아가야 한다. 이때 그동안 내가 썼던 모든 어휘들을 동원해야 하고 그 각각의 한계에 대해서도 생각해야 된다. 모든 것이 사고 활동이다. 프루스트는 이런 분석력을

* 위의 책, p. 287.

치유력이라고까지 한다. 막 연인으로부터 이별 통보를 받고 돌아왔다고 해도 공책을 펴 놓고 왜 이런 일이 벌어졌나를 따져보게 되면 일단 그 감정의 회오리로부터 벗어날 수 있다. 그 사랑을 둘러싼 전반적 맥락을 볼 수 있기 때문이다. 사태에 매몰되어 있을 때에는 구원의 길이 보이지 않지만 문제를 조망할 수 있게 되면 빠져 나갈 길이 나온다. 언어는 들끓는 감정적 격랑에서 우리를 꺼내주는 도구다. 프루스트는 이런 도구를 계속 손에 쥐고 있는 것 자체는 쉽지만, 고도의 집중력을 요구하기에 어려운 일이라고 했다. 하지만 프루스트는 이런저런 관념들을 연결하고 풀고 하다보면 삶의 전체적인 맥락을 통찰할 수 있는 힘이 생길 것이라고 했다.

결국 프루스트가 강조하는 것은 나의 진실이다. 그럼 어떻게 쓰라는 말일까? 프루스트는 '연결'하라고 한다. 그는 서로 다른 두 어휘를 하나의 문장 속에 단단하게 묶기*를 제안한다. 그 묶기를 문학비평의 전문 용어로 바꾸면 '은유'가 된다. 은유란 두 개의 이미지를 이어 압축하는 일이다. 예를 들면, '나는 막 알을 깨고 나온 새처럼 마르탱빌의 종탑을 보며 날아오르고 싶은 환희심을 느꼈다' 같은 식이라고 할 수 있

* 위의 책, p. 302.

다. 새로운 문장을 발명하라는 것이 아니라, 자기가 알고 있는 여러 단어나 이미지를 이리저리 맞추어 보며 말들 사이에서 공통된 진수를 추출해보라는 의미이다.

프루스트의 화자가 '마들렌 과자'와 '기억'이라는 단어를 연결시켰듯이 '바쁘다'와 '직장 생활'이라는 두 단어 사이에 내 힘으로 어떤 연결성을 만들면 된다. 여기에는 정답이 없다. 오직 이리저리, 계속해서 추론하며 연결하는 작업만이 있다. 프루스트는 단어들의 내 식으로의 연결이야말로 진실되다고 말한다. 연결에는 끝이 있을 수 없으니 쓰고 쓰고 또 쓰는 것 외에 다른 방법은 없다. 결과적으로 위대한 작가가 쓴 문장과 똑같은 문장을 낳게 되더라도, 두 단어 사이의 연결을 이으려는 노력은 생의 보편성에 이르려는 나의 고유한 노력이 되기에 우리는 만족할 수 있다.

글쓰기란 이렇게 이미지를 잇고 말들 사이에서 길을 내는 일이다. 좋은 잇기와 나쁜 잇기가 따로 있지 않고 중단 없는 잇기만 있다. 그러므로 어렵지 않다. 누구나 할 수 있다. 프루스트가 보기에 우리가 존경하는 예술가들은 모두 이런 잇기의 장인들이다. 매일을 하루같이 자기 방식대로 이어가는 연결의 대가들인 것이다. 『잃어버린 시간을 찾아서』가 독자에게 무한히 반복해서 읽을 수 있는 작품이 되는 이유도 마르셀이 끝도 없이 자기 과거의 풍경들을 잇고 또 잇기 때문이다. 아, 참으로 감동적이다. 우리 각자의 삶도 마르셀의 그것처럼 이어볼 만한 이야기로 무궁무진할 테니까 말이다.

그리고 이렇게 잇는 작업을 계속하다보면 결국 다른 방식으로 뭔가를 잇고 있는 누군가와 연결되기도 할 것이다. 프루스트는 바로 그런 역할을 하는 물건을 '예술 작품'이라고 한다. 때와 장소를 가리지 않고 이미지들을 이어가며 생의 보편적 의미를 찾는 글쓰기를 하다보면 작품도 나도, 만나는 이가 다양해지고 방문할 곳이 많아지게 되겠지. 그런 방식으로 쓰는 인간에게 세상은 넓고 깊어진다. 이처럼 '잃어버린 시간을 찾으라'고 하는 프루스트의 권고는 불안하게 하루하루를 보낼 수밖에 없는 요즘 참으로 소중한 지혜이지 않을까.

> 오직 예술을 통해서만 우리들은 우리들 자신으로부터 빠져나올 수 있고, 우리의 것과 같지 않은 세계 속에서 다른 사람이 발견하는 것이 무엇인지 알 수 있으며, (만약 예술이 없다면) 그 다른 세계의 풍경이 달 속의 풍경만큼이나 우리에게는 미지의 것으로 남게 될 것이다. 예술 덕분에 우리들은 단 하나만의 세계, 즉 우리의 세계만을 보는 대신 그 세계가 스스로 증식되는 것을

볼 수 있으며, 따라서 독창적인 예술가들이 많으면 많을수록 우리들은 우리의 임의에 맡겨진 그만큼 많은 세계를 가질 수 있는데, 광대무변한 공간 속에서 굴러가고 있는 세계들만큼이나 각각 서로 다른 그 세계들은, 최초로 빛을 발산하던 근원지가 소멸되고 여러 세기가 흐른 뒤에도, 또한 그 근원지의 이름이 렘브란트이건 베르메르이건, 그들 각개 고유의 광선을 여전히 우리에게 보내고 있다.

『되찾은 시절』*

* 위의 책, p. 312.

아웃사이더 프루스트, 비주류 소설 『잃어버린 시간을 찾아서』

유예진

영화 〈미스 리틀 선샤인〉을 보고 프루스트에 입문, 지금까지 작가와 소설에 대한 애정을 이어가고 있다. 프루스트의 회화론 연구로 박사학위를 받았으며, 『프루스트의 화가들』, 『프루스트가 사랑한 작가들』, 『프루스트 효과』 등을 썼다. 연세대 불어불문학과에 재직 중이다.

사람이라면 누구나 주류가 되고 싶어 한다. 학교, 직장, 그 외 크고 작은 다양한 집단을 거쳐본 우리는 무리가 형성되는 것을 보았고, 웬만하면 가장 잘나가는 무리, 주류에 편입되기를 원한다. 소위 '인싸'면 삶이 편해진다는 사실을 (무)의식적으로 알기 때문이리라. 그런데 주류가 되기 위해서, 그리고 일단 주류가 되었다면 그 위상을 유지하기 위해서는 최소 두 가지 필요조건이 있다. 우선 주류가 된다는 것은 너무 당연한 말 같지만 주류가 소유하고 있는 특성을 나도 가지고 있어야 함을 뜻한다. 즉 나는 내가 속한, 혹은 속하고자 욕망하는 집단의 구성원들과 동류여야 한다. 이어서 주류가 된 후 주류로서의 위상을 유지하기 위해서는 시선을 항상 위로 둘 필요가 있다. 위를 향한 시선이란 권력을 추구하는 시선이다. 주류가 되고 싶다는 마음은 약한 자보다는 강한 자에 관심을 두고, 혼자보다는 무리 속에 있을 때 안심이 되고, 없는 길을 만들면서 가기보다는 다져진 길을 의

심하지 않고 가는 마음이다. 이는 지금까지 나 자신을 아웃사이더라고 의식하고 살아오면서 나름대로 얻게 된 몇 가지 깨달음이다.

마르셀 프루스트는 주류가 되고 싶어 하는 21세기 한국에 사는 우리와 별반 다르지 않았던 듯하다. 아니 오히려 주류에 속하고자 하는 열망과 그것을 실현하기 위한 노력은 우리가 상상할 수 있는 이상으로 가히 전투적이리만치 저돌적이었다. 프루스트는 프랑스가 프로이센과의 전쟁에서 참패하고 굴욕적인 평화 조약을 체결해 알자스와 로렌 지방을 독일 제국에 양도한 해인 1871년에(알퐁스 도데의 『마지막 수업』을 떠올리자) 태어나 1차 세계대전이 발발한 1914년에 이르기까지, '벨 에포크(Belle Époque)'라 불리던 이 시기에 파리에서 지냈다. 이 기간은 프랑스 역사에서 가장 찬란하고 화려하고 평화로웠던 시대라는 이유로 문자 그대로 '아름다운 시절'이라 번역된다. 벨 에포크의 파리는 『잃어버린 시간을 찾아서』의 주요 배경이 되는 시간과 공간이기도 하다.

이 시기 프루스트는 교양 넘치고 막대한 부를 자랑하는 신생 부르주아지 무리에서부터 당대 가장 핫한 전위적인 예술계와 자부심이 하늘을 찌르던 지성계 집단, 유구한 가문의 역사와 문화적 아우라를 내뿜는 폐쇄적인 귀족 클럽에 이르기까지 다양하고도 이질적인 무리를 늘 동경했다. 프루스트가 그토록 동경하던 무리의 구성원들에게 상대방이 불편함을 느낄 정도로 아첨을 늘어놓고 값비싼 선물 공세를 했었다는 사실은 프루스트의 편지들과 다양한 전기에서 한결같이 확인할 수 있다.

그가 그토록 동경한 이 무리의 특징은 그들 분야에서 주류였다는 사실이다. 주류라고 해서 반드시 다수를 의미하지는 않는다. 주류가 비주류에 비해 수적으로 우세할 필요는 없다. 주류가 되는 것은 권력의 장을 생산하고 유지하는 위치에 있느냐의 문제다. 벨 에포크 파리에서 생제르맹 지역에 살고, 월요일 저녁마다 사교장인 살롱을 개방하여 소르본 대학의 철학교수, 외과의사, 상원의원, 초상화가, 러시아 무용수 등을 초청하여 당시 제일 인기 많은 젊고 아름다운 오페라 가수의 연주회를 개최한다면, 그리고 그 다음날 당신의 월요회가 〈르 피가로〉의 사회면에 리뷰가 실려 고만고만한 많은 이웃 살롱 안주인들의 부러움과 시기의 대상이 된다면, 당신은 최신 유행과 선도적인 여론을 주도하는 역할을 움켜쥔 권력 생산자로서 주류를 형성한다는 논리다.

그런데 프루스트는 앞서 언급한 주류가 되기 위한, 그리고 주류로서의 위상을 유지하기 위한 자격요건을 충분히 만족시키지 못한 듯하다. 그러다 그는 소년 시절부터 그토록 진입하기를 꿈꾸던 귀족 사교계에 초대받기 시작한다. 명문 콩도르세 고등학교 급우들과의 교류를 통해 친구들의 부모님이 주최하는 사교 모임에 초대받기 시작한 것이다. 작곡자 조르주 비제의 미망인이었던 스트로스 부인, 나폴레옹 황제의 조카 마틸드 대공부인 등의 살롱에 고정 멤버가 됨으로써 마침내 꿈이 실현되는 듯했다.

그러나 정통 카톨릭 집단에 중세 시대 선조들로부터 대물림 받은 성채를 소유하고 있는 귀족들, 은행이나 철도 산업 등으로 구축한 막대한 부로 고급 휴양지에 최신식 별장을 소유하고 있는 부르주아들 사이에서 어머니 쪽을 통해 반은 유대인이었고, 일찌감치 자신의 성 정체성을 깨달은 동성애자이자 발작적인 천식 환자, 평생 무직이었던 프루스트는 그들과 동류가 아니었다.

물론 이와 같은 객관적이며 표면적인 사실들만이 프루스트를 그들과 구별지었던 것은 아니다. 프루스트는 동경하던 상류 부르주아 및 귀족 사교계의 주류 구성원들과 자신이 근본적으로 다름을 깨달아 버린다. 마침내 그들의 일부로 받아들여지고, 하물며 "창백한 달걀형 얼굴에 흑단과도 같은 검은 눈동자"를 지닌 매력적인 외모에 섬세한 매너의 젊은 청년으로 안주인들의 귀여움을 독차지하게 되었을 때조차도 그랬다. 지나치게 날카롭고 현미경적인 관찰력의 소유자이자, 다른 사람의 감정과 생각에 공감하는 능력이 과했던 그였다. 프루스트는 실제 전장에 버금가는 잔인하고 폭력적인 사교 배틀에서 재기 넘치는 언어의 칼을 무자비하게 휘두르는 자 옆에 붙기보다는 그것을 맞고 속절없이 쓰러져 다시는 그 사교계에 발을 붙이지 못하는 추방당한 자에게 연민을 느끼곤 했다.

프루스트가 귀족들 무리에 속하면서도 그들과 다름을 느낄 수밖에 없던 결정적인 이유는 또한 환멸, 자신이 만든 그들의 환상에서 벗어난 데에 있다. 질 들뢰즈 식으로 말하면 이집트 학자가 고대 상형문자 뒤에 숨겨진 비밀을 밝혀내듯이 프루스트는 그들이 방출하는 기호를 해독해 가는 일련의 과정을 거침으로써 진리에 도달한다. 이때 프루스트 학습의 특징은 '허상 입히기 - 허상에서 벗어나기 - 진리 발견'의 반복되는 패턴이다.

그들의 세계에 진입하기 전, 프루스트는 이름을 통해 그들의 이미지를 빚는 상상놀이를 즐겼다. 그런 이미지는 대체로 이상화되고 미화된 허상이었다. 그리고 그것을 실재라 믿어버린다.

나는 그곳에 성주들인 게르망트 공작 부부가 살고 있다는 사실을, 그들이 실재하고 정말 살아 숨 쉬는 사람들이라는 사실을 알고 있었지만 내가 매번 그들에 대해 상상할 때마다 때로는 우리 마을 성당 안에 있는 '에스테르의 대관식'에 표현된 게르망트 백작부인과도 같이 그들을 장식 융단 속 인물들인 것처럼, 때로는 내가 성수를 받으러 가는지 아니면 받은 후 내 자리로 돌아오며 바라보는지에 따라 시시각각 변하는 스테인드글라스 속 질베르 르 모베의 배춧잎 녹색에서 자두의 짙은 청색에 이르는 뉘앙스처럼, 때로는 마술 환등기가 내 방 커튼 위로 산책시키거나 천장으로 올라가게 만드는 게르망트 가문의 선조 쥔느비에브 드 브라방의 이미지와도 같이 만져질 수 없는 것처럼, 때로는 메로빙거 왕조 시대의 신비함에 감싸인 채 그들 이름의 마지막 음절, '-앙트'에서 연상되는 오렌지빛 석양을 머금은 상태로 상상하고는 했던 것이다.

『스완네 집 쪽으로』*

그러나 그들의 세계에 초대되어 직접 대면하고 대화를 나누고 관찰하면서, 상상으로 빚은 이미지가 벗겨진다. 그들은 고작 허영심 덩어리에 이기적이고 속물적인 인간에 불과함을 깨닫는다. 약자와 소수자를 짓밟는 데에 즐거움을 느끼며 자기들 존재의 이유를 증명하는 잔인함으로 뭉쳤으며, 인간에 대한 예의라고는 없는 이들이었다.

다음은 게르망트 공작이 친척의 죽음을 접하게 되었을 때 보인 반응이다. 학수고대했던 가면무도회가 마침내 코앞으로 다가왔는데, 자신의 세속적인 즐거움을 과연 애도를 표해야 한다는 사회적, 윤리적 책무에 희생시킬 것인가?

* 이 글에서 참고한 『잃어버린 시간을 찾아서』 판본은 프랑스 갈리마르 출판사에서 7편으로 출간된 folio 문고판이며 번역은 필자의 것이다. 7편의 각 표지에는 클로드 모네의 루앙 대성당 연작을 볼 수 있다. 같은 각도에서 바라본 같은 성당이지만 하루 중 어느 시각의 빛을 받았느냐에 따라 모네는 그것을 변화무쌍하게 표현했고, 이러한 화가의 시선은 프루스트의 그것과 상당 부분 겹치기 때문이리라. 지금 돌이켜보면 이 소박하고 정다운 판본으로 『잃어버린 시간을 찾아서』를 처음 읽었기 때문에 이 소설과 사랑에 빠질 수 있었던 것 같다. *Du côté de chez Swann*, Gallimard, folio, 1987, p. 169.

"여보, 제발 좀 서둘러요." 게르망트 공작이 아내에게 말했다. "벌써 자정이 다 되어가는데 아직 옷도 제대로 안 입었다니…" 순간 그는 지팡이를 짚은 채 문 앞에 단단히 버티고 있던 나이 많은 두 사촌 누이들과 부딪힐 뻔했다. 그녀들은 시끄러운 소문이 나는 것을 미연에 방지하기 위해 이 야밤에 겁도 없이 자신들이 사는 산꼭대기에서 하산하여 그를 방문한 것이다. "바쟁, 자네가 모르고 오늘 밤 그 무도회장에 갔다가 사람들 눈에 띄는 불상사를 막기 위해 우리가 이렇게 왔다네. 가여운 아마니앵이 한 시간 전에 눈을 감았어." 공작은 일순 경악했다. 도스몽의 죽음을 알려주려 친히 하산한 이 오지랖 넓은 노인들 때문에 그 유명한 무도회가 눈앞에서 와르르 무너지는 것 같았다. 그러나 그는 금방 정신을 가다듬고 자신의 쾌락을 절대로 포기하지 않으리라는 굳건한 결의로 프랑스어 이해 능력의 부족함을 선택하여 다음과 같이 말했다. "그가 죽다니요! 과장이시군요. 그냥 과장하시는 거예요!" 그리고 등산용 지팡이를 짚고 곧 다시 산으로 돌아갈 두 친척을 더 이상 괘념치 않고 자신의 하인을 향해 물었다. "주문한 내 가면은 잘 도착했나?"

『소돔과 고모라』*

* *Sodome et Gomorrhe*, Gallimard, folio, 1989, pp. 122–123.

그런데 사촌 누이가 죽지도 않은 이를 죽었다고 과장한 것이라고 믿어 버리는 게르망트 공작의 속 편한 선택은 독자로 하여금 머쓱함을 느끼게 한다. 게르망트 공작의 반응은 그에게서만 발견되는 기이한 특성에 기인하지 않는다. 우리 모두에게 어느 정도 찾아볼 수 있는 이기심과 자기중심적 선별 기준을 반사해서 보여줄 뿐이다. 그런데 프루스트는 이런 인간의 보편적인 특성을 너무나 잘 꿰뚫어 보고 있었고, 그런 특성들을 그가 빚어낸 허구의 인물들을 통해서 기가 막히게 잘 구현해 놓았다. 그렇기에 독자가 20세기 초 벨 에포크를 누리던 세련된 파리지앵이건, 학자금 대출을 갚기 위해 홍대 앞 어느 카페에서 오늘도 부지런히 아르바이트를 하는 대학생이건, 읽다가 저도 모르게 혼자 키득거리며 공감하게 된다. 게르망트 공작은 사실 우리 주변 이웃, 정치인, 연예인, 친구 그리고 나의 모습이다.

1913년 소설의 1편 『스완네 집 쪽으로』의 출간 이후, 1919년에는 2편 『꽃핀 소녀들의 그늘에서』가 출간된다. 그런데 그 당시 프랑스의 상황을 떠올려보자. 인류 역사 최초였지만 마지막은 아닌 세계대전이 막 종전되었다. 이성주의와 합리주의로 무장한 근대로의 이행에 절대적 믿음과 자부심을 가지고 있던 서구 사회는 지속된 참호전, 독가스 및 전차를 이용한 전투로 발생한 1900만 명의 사망자 앞에서 망연자실했다.

그렇다면 이번에는 소설 2편의 제목을 다시 한번 보라. 『꽃핀 소녀들의 그늘에서』라니…! 전장에서 자신의 몸을 불살라 전우들을 구출하는 주인공이 등장하고, 전쟁의 참혹함을 고발하고, 애국심을 고취시키는 소설이 각광을 받던 시절 프루스트 소설은 여전히 세계대전 이전의 세상에 머물고 있는 듯했다. 청년 마르셀이 노르망디의 휴양지에서 한 무리 발랄한 소녀들과 한가로이 사귀며 그중 하나와 사랑에 빠지는 이야기가 2편에서 펼쳐진다. 같은 해 출간되어 공쿠르상 후보자로 경쟁하던 롤랑 도르즐레스의 『나무 십자가(*Les Croix de bois*)』는 작가 스스로가 참호전 출신 군인이자 두 개의 군사훈장 수혜자로 그의 소설 또한 이러한 개인적 체험에 근거한 전쟁을 다룬 내용이었음은 두말할 것 없다. 그런데 그해 겨울 공쿠르상은 모든 이의 예상을 깨고 프루스트에게 돌아간다. 공쿠르 심사위원단의 표결 결과 6대 4로 프루스트가 도르즐레스를 간발의 차로 앞선 것이다.

인간 사회의 그 어떤 비참함이나 부패, 타락이라도 정면으로 응시하여 세세한 디테일도 놓치지 않고 작품 속에 모조리 담아내려 했던 자연주의의 창시자이자 소설가였던 에드몽과 쥘 드 공쿠르 형제는 자신들이 소장하던 고가의 미술품 및 가구들을 경매에 부쳐 그 판매금으로 문학상을 제정하도록 유언을 남긴다. 상금은 가능하면 젊은 작가의 창작활동을 지원하는 데 쓰이기를 원한다는 뜻도 비친다. 오늘날까지도 그 명맥을 유지하며 프랑스에서 가장 오래되고 권위 있는 문학상으로 군림하고 있는 공쿠르상은 1903년 첫 수상작을 배출한다. 매년 11월이면 드루앙 식당에서 진행되는 공쿠르 심사단의 수상작 발표 행사는 그 소식을 속보로 전하기 위해 인근 식당에 모여 진을 치고 기다리는 수많은 기자들 및 수상작을 기다리는 독자들과 함께 하나의 흥겨운 문학 축제처럼 계승되고 있다.

그러나 전혀 젊지도 가난하지도 않은 작가의 전혀 투쟁적이지도 애국적이지도 않은 『꽃핀 소녀들의 그늘에서』의 수상 소식에 언론은 잡아먹을 듯이 맹공을 퍼붓는다. 프루스트가 공쿠르상을 받은 유일한 이유는 그가 "여섯 명의 심사위원들을 배부르도록 대접했기 때문"이며(노엘 가르니에), 프랑스 문단의 대부인 알퐁스 도데의 아들 중 한 명인 뤼시앵과 프루스트가 절친인데 뤼시앵의 형인 레옹이 공쿠르 심사단에 있는 상황에서 "레옹 도데의 절대적 지지, 사교계 인맥과 살롱 출신 심사위원들 덕분"이고(〈르 주르날 뒤 푀플르(Le Journal du Peuple)〉), 이런 식이라면 내년에는 공쿠르상을 "예순 살의 젊은 작가가 쓴 『완숙한 여인들의 창백한 빛 아래에서』라는 제목의 855쪽짜리 소설이 수상할 것"이라고 예언하는 기사까지 등장한다(〈르 메를 블랑(Le Merle blanc)〉. 수상 당시 프루스트 나이 48세였다).

시류를 형성하는 소설가들이 이쪽이라고 할 때 프루스트는 저쪽으로 가는 소설을 썼다. 이런 그의 취향은 그의 첫 편이 출간된 1913년에도 그랬지만("제가 아둔패기여서 그런지도 모르겠습니다만, 아무리 생각해봐도 점잖은 양반이 잠들기 전에 침대에서 이리저리 뒤척이는 모습을 묘사하기 위해 대체 왜 서른 쪽이나 필요한지 좀처럼 이해가 되지 않습니다", 『스완네 집 쪽으로』의 원고를 거절한 올랑도르프 출판사의 알프레드 앙블로), 공쿠르상을 수상한 1919년에도 그랬고, 1922년 다가올 죽음을 맞는 그날까지도 계속되었다. 다만 차이가 있다면 1편 출간 당시 프루스트는 날선 공격을 한 평론가에게 일일이 편지를 보내거나 적극적으로 인터뷰를 진행함으로써 자신의 소설이 추구하는 방향을 친절하게 설명했었다. 하지만 2편 출간 당시 이미 프루스트는 자신에게 시간이 얼마 남지 않았다는 사실을 잘 알고 있었다. 더불어 공쿠르상 수상으로 이제 자신의 소설이 직접 변호하지 않아도 밝은 미래를 향해 안정적으로 방향이 잡혔다는 데에 어느 정도 안심했으리라.

자신의 소설에 대한 조롱과 공격에 프루스트는 일곱째이자 마지막 편, 『되찾은 시간』에서 다음과 같이 자신의 예술론을 펼치는 것으로 응수를 갈음한다.

> 이렇듯 나는 예술작품 앞에서 우리는 결코 자유롭지 못하며, 우리 뜻대로 할 수 없다는 결론에 이미 도착해 있었다. 예술작품은 우리보다 앞서 존재하는 것이기에, 그것은 필연적임과 동시에 숨어있기 때문에, 우리가 자연의 법칙 앞에서 취하는 자세와 마찬가지로 그것을 발견해야 함을 깨달았다. […] 나는 이와 같은 깨달음을 소위 사실주의 예술의 오류를 통해 확인했다. 이런 예술은 우리가 느끼는 것에 어긋난 표현을 부여하는 습관만 없었더라도, 그리고 그것을 실재라고 믿어버리지만 않았더라도, 그리 거짓된 것은 아니리라. 한때 나를 혼란스럽게 만들었던 다양한 문학이론들에 대해 나는 더 이상 신경쓰지 않아도 된다고 느꼈다. 그런 이론들은 특히 드레퓌스 사건 당시, 그리고 이후에도 전쟁 중에 비평가들이 주장한 것들로, 그런 이론들은 "예술가들을 상아탑에서 끌고 내려와야 한다"고, 가볍거나 감상적인 주제가 아니라 노동자들의 위대한 전진을 다루어야 한다고,

> 군중이 아니라면 적어도 무의미한 한량 대신 고귀한 지식인들이나 영웅들을 다루어야 한다고 주장했다. [⋯] 이론이 있는 예술작품은 가격표를 떼지 않은 물건과 같다.
>
> 『되찾은 시간』*

공쿠르상을 놓고 함께 경쟁했던 도르즐레스가 참호전에서 사망한 군인들의 시신 위로 끝없는 나무 십자가들의 열을 줄지어 세울 때, 프루스트는 열정적으로 연주하는 바이올리니스트 모렐의 땀에 젖은 이마 위에 달라붙은 앞머리 한 올을 넋을 잃고 쳐다보는 샤를뤼스 남작을 묘사한다. 평론가들이 사망자들을 기리고, 유족들을 위로하고, 생존자들을 치유하는 소설에 찬사를 보낼 때 프루스트는 어린 시절부터 마음속에서 지속적으로 울리고 있었으나 '경험의 찌꺼기'에 가려져 줄곧 듣지 못하고 있던 종소리를 찾아가고 있었다. 삶의 실재를 되찾아주는 유일한 길은 글쓰기에 있음을 마침내 깨닫게 해주는, 여리지만 끈질기게 울리던 종소리를 나이가 들어 다시 듣게 되는 마르셀의 기나긴 내적 여정을 그린다.

* *Le Temps retrouvé*, Gallimard, folio, 1989, pp. 187–189.

소설의 첫 두 편이 출간되었을 때만 해도 돈 많고 시간 많고, 의심스러운 성 정체성과 속물적 취향의 한량 작가라고 낙인찍힌 문단의 아웃사이더 프루스트가 1922년 11월 사망하자 세 달도 안 된 1923년 1월 1일, 앙드레 지드가 편집주간으로 있던 〈신프랑스평론(Nouvelle Revue Française)〉은 프루스트 특집호를 발간한다. '프루스트에게 보내는 경의'라는 제목의 그 추모집에 장 콕토, 폴 발레리, 앙드레 모루아 등을 비롯한 50여 명이 넘는 동시대 예술가와 문인들이 추모의 글을 싣는다. 느리고 답답하기로 악명 높은 프랑스인들의 일 처리 방식을 떠올리면 놀랄 만한 참여도와 속도가 아닐 수 없다. 그것도 오늘로부터 100년도 더 전에 말이다.

1914년 1월, 바로 그 〈신프랑스평론〉의 편집인 중 하나였던 앙리 게옹은 소설 1편에 대한 서평에서 "예술작품과는 완전히 반대되는 것을 해버렸다. 하나의 유기체, 완전체를 구성하는 대신 감각의 목록을, 알고 있는 것들의 나열을, 인물과 풍경의 변화 양상을 연작들로 표현하는 데 만족했다"고 혹평한 바 있다. 그런데 1923년 추모글에서 게옹은 예전에 자신이 작성했던 그 서평의 일부를 인용하며 "작품 전체를 보기 전에는 가질 수밖에 없었던 임시적인 의견"이었으며, "당시에는 예술에 대해 상당히 협소한 개념을 가지고 있었고, 이후 확장되었노라”고 스스로 반성하기를 주저하지 않는다. 십 년 만에 프루스트에 대한 평이 극에서 극으로 이동한 경우다.

프루스트는 죽음과 동시에 위대한 작가로서의 공인 축성식이 거행되고, 감히 건드릴 수 없는 주류 중에 주류가 된 듯했다. 특히 스콧 몬크리프라는 스코틀랜드 시인이자 번역가에 의해 영어로 번역되면서 영미권 독자들이 보여준 열광적인 반응에 힘입어 프루스트는 이제 프랑스 현대 문단을 대표하는 가장 혁신적이며 아방가르드한 작가로 군림한다. 위 특집호에는 영국 작가들 그룹이 보내온 공동 추모의 편지도 실려 있는데, 서명자 중에는 버지니아 울프와 조지프 콘래드도 있다. 그것이 1920년대와 30년대 프루스트 소설이 누린 영광이다.

그러나 소설의 삶은 사람의 그것과 마찬가지로 기복이 있다. 1939년, 이번에는 2차 세계대전이 발발하고, 전후 복구 과정에서 작가의 사회참여와 문학의 사회정치적 임무를 주장한 실존주의가 프랑스 문단과 지성계를 휩쓴다. 실존주의의 개혁적이며 사회주의적 기치 앞에서 『잃어버린 시간을 찾아서』는 너무나 보수적이고, 부르주아적인 소설처럼 보였다. 비록 사르트르가 비공식적으로는 프루스트를 존경하는 작가로 남몰래 흠모한들 대중 앞에서는 그를 단죄해야 했다. 1940년대와 50년대에 프랑스에서 『잃어버린 시간을 찾아서』를 읽고 그것에 대해 쓴다는 것은 '나는 우파요'를 의미하는 모양새였고, 그것은 사회주의 지성계가 군림하는 문단에서의 추방을 의미했다. 그런데 선지자 프루스트는 미래의 사르트르에게 미리 회답한 바 있다.

> 바토와 라 투르의 그림을 파괴하지는 않았더라도, '시민정신'의 이름으로 그것들을 멸시했던 혁명주의자들을 모방하지는 말자. 이 두 화가들은 혁명을 찬양한 다른 모든 화가들보다 프랑스를 더 영광스럽게 했다.
>
> 『되찾은 시간』*

화려하면서도 몽환적인 연회, '페트 갈랑트(fêtes galantes)'로 화폭을 채운 18세기 로코코 화가 앙투안 바토, 프랑스 대혁명의 전조 아래에서도 왕실에서 지내며 루이 15세의 애인이자 궁의 실세였던 퐁파두르 후작부인의 섬세한 초상화를 남긴 모리스캉탱 드 라 투르는 모두 당대 사회적 논쟁이

* 위의 책, p. 195.

모리스캉탱 드 라 투르, 〈퐁파두르 후작부인〉, 1755, 루브르 미술관.

나 정치적 소용돌이에는 무관심한 듯한 작품을 남긴 화가다. 작가의 사회참여를 주장하던 사르트르가 비난하던 예술가의 전형인 셈이다. 그러나 프루스트는 이 두 화가들이야말로 혁명을 통해 불합리한 기존 체제를 전복시키고, 새로운 이상적인 세계를 건설하기를 꿈꾼 혁명주의 화가들보다 프랑스에 공헌한 바가 크다고 했다. 프루스트에 의하면 예술가가 오로지 예술가일 때에만, "다른 어떤 것도 - 그것이 비록 국가일지라도 - 생각지 않고, 오로지 그의 앞에 있는 진리만을 생각할 때"* 그들은 진정으로 국가를 영광스럽게 할 수 있다. 프루스트는 바토와 라 투르의 소설가 버전이다.

그런데 다시 한번의 운명적인 반전이 프루스트 소설을 기다리고 있다. 전통 사실주의 소설을 빛바랜 흑백사진으로 보이게 만들며 가장 전위적인 소설의 선두에 섰던 『잃어버린 시간을 찾아서』가 2차 대전 이후 참여문학의 뭇매를 맞고 사망 선고를 받은 후 십여 년이 지났다. 1960년대, 이번에는 '새로운 소설'을 모색하던 실험적인 집단인 누보로망(Nouveau Roman) 작가들이, 이어서는 작품의 내재적 법칙과 체계를 밝히려는 구조주의 신봉자들이 프루스트를 다시 읽기 시작한다. 나탈리 사로트가 프루스트에 대해 일련의 강연을 하고, 질 들뢰즈가 기호 해독을 통해 프루스트 소설의 구조적 비밀을 밝힌다. 제라르 주네트는 프루스트를 통해 서사담론을 정립하고, 조르주 바타유는 프루스트의 에로티즘을 분석한다. 『잃어버린 시간을 찾아서』는 재탄생한다. 세계 문학사에서 유례를 찾아보기 힘든 극적인 반전이자 화려한 부활이다.

* 같은 곳.

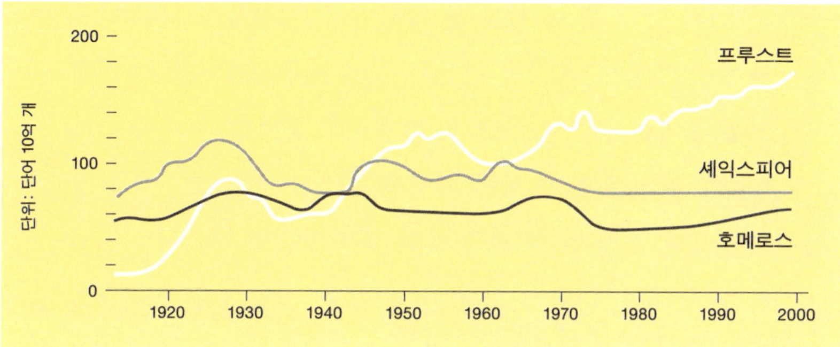

참고문헌을 통해 본 프루스트의 유명도. 셰익스피어와 호메로스의 인용 횟수가 지난 100년간 일정선을 유지해 왔다면 프루스트는 지속적으로 증가 추세다. 호메로스는 물론 셰익스피어보다 많이 인용된다.*

2차 세계대전 직후인 1949년, 가에탕 피콩은 저서 『신프랑스문학 개관(*Panorama de la nouvelle littérature française*)』에서 프루스트 항목 자체를 배제했었다.** 그로부터 20여 년이 지난 1967년, 프랑스의 거대 출판사 라루스가 발간한 두 권짜리 벽돌책 『프랑스문학』은 그 표지 1권에는 데카르트를, 2권에는 프루스트를 모신다.

* 니콜라 라고뉴, 『프루스트 그래픽』, 정재곤 옮김, 민음사, 2022, p. 144.

** 사실 피콩은 해당 저서의 서문에서만 프루스트를 간략하게 언급한 사실을 만회할 만한 저서 『프루스트 읽기(*Lecture de Proust*)』(1963)를 그 이후에 출간한다.

이와 같이 한 번 꺼진 불씨가 다시 큰 횃불이 되어 타오를 수 있었던 근본적인 이유는 우선 프루스트 소설의 내적 자질 중에서 시대성으로부터 자유로운 보편성, 어디에 갖다 놓아도 잘 어울릴 수 있는 다양성, 그리고 이를 그만의 문장으로 빚은 소설가로서의 놀라운 글쓰기 능력 덕분이 아닐까 한다. 보편성, 다양성, 소설적 재미. 이 삼박자가 잘 어우러져 프루스트 신화가 탄생한다.

인간에 대한 작가의 깊은 통찰은 시대와 장소 불문 독자들의 공감을 이끌어낸다. 식상한 표현이지만 정말이지 프루스트 소설은 우리 스스로를 비춰보는 거울이 된다(“책을 읽는 독자는 자기 자신을 읽는 독자다. 책은 그것 없이는 어쩌면 스스로는 보지 못했을 것을 알아보게 하기 위해 작가가 독자에게 제공하는 일종의 시각적 도구에 지나지 않는다.” -『되찾은 시간』*). 또한 주제의 다양성 및 유기적인 구성은 작품에 대해 끊임없이 새로운 해석을 가능하게 만든다. 순간의 감각적 인상에 의존하여 대상을 지각한 작가의 시선은 인상주의 화가의 그것에 비견되고, 해체와 재구성을 거쳐 이질적인 요소들이 공존하는 장을 제공하는 인물들은 입체주의 화가의 붓끝에서 탄생한 일

* 앞의 책, pp. 217–218.

그러진 얼굴의 여인들과 닮았다고 이야기된다. 소설의 순환적 구조는 바그너 오페라의 문학적 재현이며, 잠과 꿈에 대한 화자의 집착은 프로이트의 정신분석학에 기대어 설명할 수 있고, 시간의 상대적 진리는 아인슈타인 이론의 접목을 가능하게 만든다. 여기에 더해 프루스트 특유의 유머 코드, 그만의 차별되는 만연체, 그러나 가장 적확하면서도 적절한 비유로 가득한 문장들. 이 모든 요소들이 지금의 『잃어버린 시간을 찾아서』를 만들었다. 위 그래프에 기대어 본다면 프루스트의 상승 곡선은 한동안 유지될 듯하다.

프루스트는 아웃사이더였고, 『잃어버린 시간을 찾아서』는 비주류 소설이었다. 하지만 그는 오로지 자신의 진리에 충실하였기에, "이기적이지 않은 인간적 이타주의는 헛되다"(『되찾은 시간』*)라는 믿음을 실천하였기에, 그의 작품은 시간을 뛰어넘는 고전의 최고봉에 오를 수 있었고, 전 세계 독자들에게 오늘날까지 울림을 일으킨다.

* 위의 책, p. 341.

작가의 책무:
세상과 행복,
애도를
번역하기

최미경

이화여대 통역번역대학원 교수, 정상회담 등 국제회의 통역사. 한강, 이승우, 황석영 작품을 프랑스어로 번역했으며, 프루스트의 『쾌락과 나날』, 『익명의 발신인』, 『프루스트의 문장들』을 번역하기도 했다. 길고양이와 유기동물을 위한 다양한 활동에 열심히 참여하고 있다.

왜 프루스트를 애독하게 되었는지, 논리적 답은 없다. 그 책이 내게 왔다. 번역본으로조차도 『잃어버린 시간을 찾아서』를 읽은 적이 없었다. 아버지의 의지에 따라 (평생 처음 아버지 말을 들어 피아노과를 포기하고) 들어간 불문과에서 많은 작가의 작품을 원서로 읽었지만 대학원에 와서야 프랑스 문화원을 통해 장 미이 교수의 플라마리옹 전집 구입 기회가 주어져 프루스트를 처음 읽게 되었다. 묘사가 난해하고 문장이 아주 길어서 원문으로 읽기 어렵다고 알려져 있기에 프랑스어 역량이 강화된 후에 읽기로 미뤘을까? 불문과 수업에 프루스트가 없었기에? 하지만 모든 프랑스문학을 전공하는 사람들에게 프루스트는 먼 지평에 떠 있는 배처럼 꼭 도달해야 할 대상이다. 대학원에 가서 프랑스어 실력이 조금 나아지면 읽어야 한다는 각오를 다진 것 같다.

『소돔과 고모라』까지 읽고 논문 등을 쓰느라 중단되었던 독서는 이후 직업인이 되어 틈틈이 이어졌다. 가족, 친지, 반려동물을 보내고 애도의 시간에 문득 삶이 막막해질 때 『잃어버린 시간을 찾아서』를 찾는다. 작품 속의 화자가 무의식적인 감각을 통해 떠난 존재들과 공유했던 순간을 다시 맞이하는 『되찾은 시간』은 알려준다. 과거의 시간은 존재했던 사람들과 공유된 공간이며, 마들렌과 풍경, 대화를 통해 떠오르는 행복한 순간들은 그들이 현존했던 시간으로 회귀시켜준다. 그런데 이 회귀는 의식적이 아닌 무의식적 감각을 통해 진행된다. 시간, 과거, 행복, 하나의 이벤트로서의 공유된 순간과 행복감이 결국 삶을 이끈다. 그들은 사라졌지만 교감했던 정신적인 요소, 정감, 느낌, 공유한 감정이 과거의 시점을 불러온다. 그리운 시간을 다시 살게 하여 공존하는 느낌을 주며, 그 시간을 다시 산다는 느낌은 현재를 견디는 힘이 된다. 결국 죽음(타자 그리고 나아가 미래의 자신의 죽음)과 맞서는 순간, 아니 죽음을 수용하게 하는 것은 그 시간이 회기할 것이라는 믿음 때문일 것이다. 떠난 존재와 함께한 순간을 환기하는 것만이 그 부재를 견디게 하기에….

프루스트의 시간관

지나간 행복한 순간들을 추구하다보니 자칫 과거 지향적이라 생각하기 쉽지만 사실 프루스트의 시간은 그렇지 않다.

우리가 2024년 12월에 목도한 시대착오적인 일련의 정치적인 사태들은 시간 인식의 중요성을 보여준다. 프루스트의 묘사는 과거를 다루지만, 문득 소환된 과거가 현재의 삶에 닿아 다가올 나날들을 채색한다. 무의식적으로 소환된 과거는 행복한 순간을 현동화한다. 현대 심리학에서는 아리스토텔레스의 목적론적 행복관을 탈피하여 행복이 인간 삶의 목표가 아니며, 인간이 유기체로 살아가는 과정에 순간순간 겪는 즐거운 경험치라는 연구가 지속적으로 발표되고 있다. 프루스트 연구 전문가, 앙트안 콩파뇽이 2022년 라디오 프랑스와 대담에서 『잃어버린 시간을 찾아서』를 철학서로 읽어야 할지 소설로 읽어야 할지에 대해 이야기할 정도로 프루스트의 시간관은 근대 철학이 견지한 시간관과 다르다. 또 인식을 주체의 자각 현상의 중심에 두는 유럽철학에 반한다. 우연히 소환되는 어떤 공간과 시간성, 체험이 중요하다. 글을 쓰는 사명을 발견하는 성장소설처럼 읽히기도 하지만 시간과 경험의 주체에 대한 철학서처럼 읽히는 이유이기도 하다. 메를로퐁티는 프루스트의 작품을 읽고 근대 시간관을 전복하는 감성에 대한 철학적 접근을 하기도 했다.*

* Robert Franck, *L'Écriture sensible*. Proust et Merleau-Ponty, Garnier, 2021.

애도의 문학

프루스트적 시간관에 전적으로 동의하며 읽다 보면 많은 위안을 얻는다. 감사하게도 프루스트의 작품을 번역할 기회가 주어지게 된 후에 『쾌락과 나날』*의 역자 후기에 죽음과 음악에 대한 글들에 이끌려 번역을 하게 되었음을 밝힌 바 있다. "'쾌락과 나날'이란 제목에도 불구하고, 이 작품집은 죽은 친구에게 헌정되었고, 첫 단편과 마지막 단편 모두 죽음으로 끝난다. 인간에 대한 시간의 지배력과 부질없음, 결국 본질에 이르는 과정이 죽음인 것이다." 17년을 같이 보낸 반려견 추백이와 가족 같았던 소중한 선배 번역가를 잃고 상심 가득한 시간이었을 때 『잃어버린 시간을 찾아서』의 원형이라 할 수 있는 『쾌락과 나날』의 번역을 하며 큰 위안을 받았다. 이전까지 내게 과거는 현재에 영향을 미칠 수 없기에 지나간 시간이었고 되돌아볼 필요가 없는 공간이었다. 2024년 8월 아버지를 여의는 과정에서 또 『되찾은 시간』을 읽고, 한편으로는 『프루스트의 문장들』**을 준비하며, 과거에 대해 많은 생각을 하게 되었다. 과거, 현재, 미래에서 확

*　마르셀 프루스트, 『쾌락과 나날』, 최미경 옮김, 미행, 2019.

**　마르셀 프루스트, 『프루스트의 문장들』, 최미경 옮김, 마음산책, 2025.

실하게 존재했음을 인식하게 되는 유일한 시간은 결국 과거일 뿐이다. 현재는 의식되기보다는 진행 중인 현행태일 뿐인 듯하다. 또 사는 순간 해결해야 할 존재론적 많은 질문과 행위에 몰두해 내가 살고 있는 시간을 인식하지 못하는 것은 아닌지. 그래서 지나고 보면 그 시간이 가장 아름다웠다고 말하는 것은 아닌지. 미래는 아직 오지 않았고, 올지도 불확실하며, 그야말로 사람의 운명은 전혀 예측을 할 수가 없다. 지난 시간 속에 생존을 위해 선택적 기억력으로 행복한 순간을 추리는 것일지도 모른다.

지나간 시간이 내게 주는 위안만큼 프루스트의 소설이 주는 마음의 안정은 값지다. 프루스트를 전공하지 않은 내가 통역사로 정상회담, 국제회의 통역 등을 하면서 문학과 멀어진 내가 너무 주관적인 독서를 하는 것은 아닌지 하는 생각이 들 때에, 2023년 왕립학사원 종신회원으로 선출된, 프루스트 전문가 앙투안 콩파뇽을 환영하는 연설을 본다. 이를 맡은 피에르 노라는 콩파뇽에게 문학은 “죽음과 애도, 멜랑콜리와 공존하는 것”*이라고 밝힌 바 있다. 그가 오

* 앙투안 콩파뇽, 학사원 종신회원 직 수락 연설집 *Discours de réception d'Antoine Compagnon à l'Académie française et réponse de Pierre Nora*, Gallimard, 2023.

랫동안 집중해서 연구해 온 프루스트야말로 죽음과 애도, 멜랑콜리의 전문가가 아닌가. 또 로르 뮈라 교수의 에세이를 읽게 되었다. 2023년 프랑스에서 메디시스 에세이 상을 수상한 『프루스트, 가족소설』*이란 책에서 『잃어버린 시간을 찾아서』에 대해 "잃어버린 시간을 찾아서 또는 위로"라는 소제목을 통해 슬픈 일 뒤에 오는 위로를 넘어선 해방감을 주는 책이라고 한다. 또한 "터널 끝에서 갑자기 어느 맑은 날 솟아오른 햇빛"이라고 하면서, 그 위안은 노스탤지어의 치유, 안전한 도피처의 제공이며 프루스트를 "읽고 또 다시 읽는 행위는 견디고 살아남기 위한, 살기 위한 독려이다. 프루스트가 시간에 대해 발견한 것은 한 주체에 고유한 시간성이 있다는 점이고 그래서 죽음의 두려움을 쫓을 수 있다는 것이다. 무의식적인 기억 덕분에 죽지 않고 우리 안에 있다가 항상 환기가 되는 존재를 입증했고 또 한편으로는 변하지 않는 주관적인 시간 속에 그 추억들을 되살려 주는 문학이야말로 진정한 삶인 것이다." 이는 내가 번역서문에 쓴 내용이기도 하다. 피에르 바야르의 『예상표절』**이 바로

* Laure Murat, *Proust, Roman familial*, Robert Laffont, 2023.

** 피에르 바야르, 『예상표절』, 백선희 옮김, 여름언덕, 2010.

이런 상황을 말하는 듯하다. 모파상의 『죽음처럼 강한』이란 소설 속의 한 구절을 제시하며 완벽하게 프루스트의 것처럼 보이는 그 문장이 프루스트의 것이 아니라 예상표절의 가능성이 있음을 이야기한다. 서로 작품을 읽은 적이 없는데 시차를 두고 아주 유사한 글을 쓰는 현상이다. 모파상이 아직 프루스트가 쓰지 않은 글을 표절한 것이다! 로르 뮈라의 에세이를 4년 뒤에 읽으면서 나는 기뻤다. 로르 뮈라 역시 이 작품에서 현실이라는 단어가 442번이나 등장한다는 사실에 주목한다. 또 현실의 탐구가 무의식적인 기억을 통해, 예상치 못하게 떠오른 차에 담근 마들렌이나 울퉁불퉁한 포석의 생각이 과거의 시간을 순수한 상태로 동결시키고 내재하게 한다. 각자의 삶은 다양한 방식으로 내재하고, 삶이 그렇듯 죽음 역시 개별적이다. 삶과 죽음에서 각자의 삶이 갖는 개별성을 새기는 것이 존재를 기리는 방식일 것이다. 실존함을 문학적 상상력의 장치로 시간 속에 영원히 기록한 것이 이 책의 위대함이고 그래서 위안을 준다.

위대한 글쓰기

그러면 나는 위안을 위해서 계속 프루스트를 읽는가? 킨들로 수시로 『잃어버린 시간을 찾아서』를 읽는다. 가장 꿀

맛 독서는 1년에 두 번 있는 전체 교수회의 시간이다. 금지된 독서는 더욱 재미있다. 오전 내내 지속되는 회의에서 전문대학원 소속인 나와 별로 관계가 없는 학부 이야기가 이어질 때 킨들을 펼치고 나만의 세계로 들어간다.

학창 시절, 작은 아이가 어둑해지는 집의 한구석에 서있는 모네의 그림이 표지인 『스완네 집 쪽으로』를 펼치자 "오랫동안 나는 일찍 잠자리에 들었다."는 주술적 문장이 나를 프루스트의 세계로 이끌었던 것처럼. 가장 유명한 소설의 도입부라 해도 과언이 아닐 이 문장은 잠자리에 인사하러 올 어머니를 기다리는 자전적 1인칭 화자의 서술로 시작한다. 예민한 화자는 어머니가 잠자리 인사를 해주러 오는 때를 기다리며 기쁨과 행복의 순간을 눈앞에 두고 있지만, 기다리는 두려움과 그 시간이 지난 후의 씁쓸함을 알고 있기에 더욱 애착한다. 화자의 시점과 초점을 거의 동시에 공유하는 저자는, 어머니를 기다리는 유약한 아이에서 문학과 예술 애호가로 성장한다. 그리고 파리 생제르맹가의 귀족 가문인 게르망트가의 살롱, 여름휴가 기간에는 베르뒤랭가의 살롱을 드나드는 댄디가 된다. 처음 읽기 시작한 당시에 무엇보다도 어려웠던 점은 언어적 어려움의 극복이었다.

『스완네 집 쪽으로』의 도입부를 지나면 「스완의 사랑」에 이른다. 질투라는 추상적인 감정의 질곡을 언어는 생생하고 진정성 있는 세계로 구축한다. 질투는 지금 겪어지고, 감정에 이끌린 사고는 멎고, 망상은 진실이 되어버린다. 오데트를 보티첼리의 마돈나에 대입시켜 비유하거나 스완의 감정을 뱅퇴이유 소나타의 멜로디의 고저와 리듬에 따라 묘사하는 장면에서 본주제와 이각(離角)관계인 듯한 긴 묘사들은, 프루스트의 문학적 묘사가 결코 단순한 모사가 아님을, 인류가 쌓아올린 문화자산을 통한 알레고리적 구성임을 깨닫게 한다. 또한 다양한 매체를 동원한 예술적 분석이고 또 사랑과 질투라는 감정이 문화 사회 예술적인 프레스코화의 차원이 되어있음을 이해하게 된다.

『잃어버린 시간을 찾아서』에의 접근이 쉽지 않은 것은 그저 모방적 묘사가 아닌 다양한 정치, 사회, 역사, 문화적 요소가 세밀하게 동원된 구조이기 때문일 것이다. 단단한 상호텍스트성을 읽어낼 때 독서가 더욱 공고하기 때문이다. 인용된 예술작품, 예술가들의 세계를 화자의 주관적 분석을 따라 읽으면 등장인물들의 단순한 이야기가 아니라 신화적, 초월적 차원에 도달하는 느낌을 받는다. 종교가 없는 나에게 일상에서 초월적인 시간은 믿기 어려운 인류애를 목도할 때와 음악, 미술 등 큰 울림을 주는 작품을 듣거나 읽고 마주

할 때이다. 유한한 인간의 한계를 넘어서는 위대한 행위를 보는 감동은 벅차다. 몇 줄로 요약될 이야기들이 이렇게 긴 소설이 된 것은 다양한 역사, 사회, 정치적 현상과 예술작품에 대한 상호텍스트성이 끊임없이 개입하기 때문이다. 그런 면에서 사실 이 소설은 거의 줄거리가 없다고 해도 과언이 아니다. 왜냐하면 제라르 주네트, 미케 발 등이 발전시킨 서술학 이론에 기반해 보면 이 소설에 사건은 거의 없고 화자가 이끌어가는 담화, 대화와 묘사의 다채롭고 풍요로운 분석으로 구성이 되어 있기 때문이다.

대표적인 예가 스완의 질투일 것이다. 질투란 원래 사랑하는 사람에 대한 불신, 질투의 주체가 만들어내는 망상에 기초한 감정이고 프루스트는 「질투의 종말」이라는 단편에서도 어처구니없고 파괴적인 이 현상에 대해 다룬다. 프랑수아즈를 사랑하며 끔찍한 질투의 노예가 되었던 오노레는 불의의 사고로 임종을 맞이하여 깨닫게 된다. "그가 다른 사람들보다 더 자주 그녀를 바라보는 것은 눈앞에서 시냇물 같이 흐르는 그녀의 눈물을 보는 연민 때문이었다. 두 눈은 곧 감길 것이고 그러면 벌써 웃음도 멈출 것이다. 그런데 그는 그녀를 의사나 늙은 가족이나 하인들보다 더 사랑하는 것은 아니었다. 이렇게 질투의 종말이 온 것이다."*

이는 문학이 눈에 보이고 들리는 현상을 1차원적으로 묘사하는 모방의 행위가 아니며 화자, 작가의 목소리와 시선을 통해 전유되어 가공되는 현상임을 더욱 깨닫게 한다. 감정을 언어로 묘사 구축해내는 질투의 세계는 독자의 공감을 자아내고 상상력을 자극한다. 폴커 슐렌도르프 감독이 원작에 충실하게 제작한 영화 〈스완의 사랑〉에서 제레미 아이언스가 스완, 오르넬라 무티가 오데트, 알랭 들롱이 샤를뤼스 남작을 연기한다. 제레미 아이언스의 진중하며 섬세하고 미묘한 연기, 관능적이며 매혹적인 오르넬라 무티의 자태는 탁월하게 사랑과 질투의 장면을 보여주었지만, 프루스트의 문체가 갖는 환기력을 모두 구현해내지는 못한다는 느낌을 받았다. 영상이 각인적 효과로 추상적인 감정을 알레고리처럼 보여주지만 상상력이 갖는 가능태 중에서 선택적일 수밖에 없다는 점 때문에 축소적 이미지로 환원된다.

가장 극렬한 감정의 묘사인 질투 장면뿐만 아니라 화자의 질베르트에 대한 사랑, 알베르틴과의 사랑, 생루의 사랑과 생루가 질베르트와 이룬 가족, 남작의 동성애 장면의 묘사는 애정의 묘사에서 어떻게 언어가 그 구체성을 확보하며

* 마르셀 프루스트, 『쾌락과 나날』, 최미경 옮김, 미행, 2019.

환기력을 자극하는지 보여준다. 수많은 작가가 사랑과 질투를 주제로 다뤘지만 프루스트만큼 살아있는 감정으로, 생생하게 그려낸 사람은 없다고 생각한다. 특히 프랑스어로 읽을 수 있는 특권을 누리는 독자들은 특별한 독서의 행복감을 경험할 수 있다. 질투의 묘사에 사용된 언어적 표현들을 꼼꼼히 살피면서 어떻게 이런 방식, 이런 표현들이 그 감정을 전개하는지를 읽다 보면 그의 문장에 더욱 몰입하게 된다. 강한 몰입도가 필요하다 보니 한 번에 다 읽어야 한다는 부담을 가질 수 있다. 그러나 그의 작품은 견고한 성채나 분절되어 기능하는 구조물처럼 구축이 되어 어떤 입구를 통해서도 들어갈 수 있다.

삶을 번역하기

귀족, 부르주아들의 인간성을 분석하고, 위대한 벗을 추억하며, 동시대를 분석하고 자연을 묘사한 이 작품은 읽는 내내 생생한 현동감에 빠져든다. 20세기 초를 묘사하고 있는데, 이 작품은 프랑스의 귀족 세계를 단순히 그린 과거의 소설이 아니다. 1914년 『스완네 집 쪽으로』가 공쿠르 문학상을 수상하지 못하고 심지어 앙드레 지드가 그 원고의 가치를 이해하지 못해 프루스트가 자비 출판을 한 일화를 보면 이 작품은 1차 세계대전 기간에 단순한 부르주아 문학 작품으로 치부되었던 면이 있음을 짐작할 수 있다. 식사 장면, 스노비즘이 가득한 당시 부르주아들이 예술가를 평가하는 대화들, 각 저택에서 일하던 고용인들을 대하는 방식, 시시콜콜하고 별 의미가 없는 일화들의 묘사는 사회역사적 관점의 분석을 동반하며, 특히 프랑스 사회를 뒤흔들었던 드레퓌스 사건에 대한 자세는 화자가 인간을 평가하는 잣대로 작용하기도 한다. 반 드레퓌스 파의 비논리적, 비인간적인 면을 비판하고 국가주의와 반유대주의 정서의 폭력성을 고발한다. 이런 자세는 그가 동시대인들과 나눈 서한문에서도 강하게 들어난다.

『프루스트의 문장들』이란 책을 준비하면서 『잃어버린 시간을 찾아서』 뿐만 아니라 이전의 작품들을 읽고 그가 남긴 서한문을 훑어보며 그가 동시대인들에 대해 가지고 있던 연민과 따뜻함을 읽게 되었다. 드러난 것과 다른, 감춰진 각자의 진실에 대하여, 그리고 삶에서 마주한 위대한 존재들에 대한 추억, 특히 화자의 고귀한 벗이었던 생루 같은 존재를 묘사하는 부분은 인류애를 느끼게 한다. 주인공은 생루를 처음 만난 순간 그와 친구가 되고 싶다고 생각했는데, 그 바람이 이루어져 가장 친한 벗이 되어 교우하게 된다. 생루는 귀족이지만 계급적인 우월함이 없는 따뜻한 사람으로 귀족답게 1차 대전에 장교로 참전, 전사한다.

그가 휴가를 나왔을 때 독일 가곡을 독어로 흥얼거리는 장면이 있다. 독일과 전쟁 중이지만, 독일문화가 생산한 가장 훌륭한 문화유산의 가치를 아끼는 사람, 움베르토 에코가 유럽의회에서 했던 연설에도 나오는, 전쟁 중인 국가에게도 국적을 초월한 인류문화에 대한 존중을 실천한 사람이었다. 『잃어버린 시간을 찾아서』는 한 시대의 거대한 세밀화이며 인류의 문명에 대한 격한 찬양이기도 하다. 인류가 생산한 많은 문화자산을 감상하며 맞는 행복한 순간은 유한한 삶을 사는 인간과 달리 예술작품은 영원하고 초월적임을 자각하게 해준다.

『되찾은 시간』에서 화자는 위대한 작가는 "인생에 가장 필수적인 책, 유일하게 진정한 책을 쓰기 위해 무엇을 창조하기보다는 우리 각자의 안에 있는 것을 번역하면 된다. 작가의 책무는 번역가의 것과 같은 것"이라고 서술한다. 심약한 생명과 바꿀 정도로 소중하게 매달린 글쓰기는 그가 세상에 참여하는 방식이었으며 세상이 돌아가는 모습을 적는 것 바로 '번역가의 책무와 같은 것'이었다. 그 자신도 존 러스킨을 번역한 번역가였고 프루스트에게 글은 평생에 걸쳐 세상

일을 번역해내는 것이었다. 글은 그저 아름다움의 창조를 위한 예술적 발현이 아니라 그에게 삶에 참여의 행위였다.

어쩌다 번역가가 되어 그의 글을 읽고 번역하게 되었다. 그 시간을 통해 번역이 그저 언어전환 행위가 아니며 문자가 구성한 텍스트의 의미를 다각도에서 분석, 적극적으로 전유하고 다시 적어내는 작업임을, 그래서 텍스트의(언어가 아니라) 의미에 적극적 참여하는 행위임을 더욱 확신하게 되었다. 시간과 삶에 대한 그의 주관적인 분석은 그가 읽은 방식대로 텍스트를 지시하는, 혹은 무라카미 하루키가 말한 것처럼 작품에 대한 "가장 편파적인 사랑", 즉 그 번역가가 읽은 방식에 의해 텍스트가 번역을 지시하는 현상이라고 생각한다. 글쓰기(번역)는 언어를 활용하는 피상적인 작업이 아니며 번역가가 가장 주관적인 방식으로 관여하는 것이 역설적으로 텍스트의 보편성을 담보하게 된다.

정답 없는 우리의 삶처럼 우리 모두 각자의 번역이 가능하다. 피아노 악보가 원전이라면 각 번역가는 악보에 충실하나 자신의 방식으로 연주하는 음악가와 같다. 프루스트가 자신의 내부에 있는 것을 번역했듯, 최대한 진정성으로 텍스트를 전하는 번역가의 책무를 맡아 작가의 세계를 익히고 다시 적는 벅찬 작업을 할 수 있음을 항상 감사한다.

언젠가는
해야 할 일에
대하여

최양현

연극과 영화를 중심으로 글을 쓴다. 학부에서 현대희곡과 한국문학, 영화연출을 배웠으며, 대학원에서 문화기술학을 기반으로 몰입형 미디어 기술을 연구했다. 더 이상 별이 들지 않는 세계 속에서 문제적 개인이 희미한 달빛에 의존해 환상과 환멸을 통과하는 이야기를 주로 쓰고 싶어 한다.

언젠가는 해야 할 일이 있다. 누구나 그렇다. 그것은 삶의 가장 외곽에 오래도록 밀쳐져 있다가, 문득 삶의 중심으로 불쑥 들어와 무거운 그림자를 드리우는 일이다. 종종 그 일은 쉽사리 끝나지 않는다. 오히려 마감을 분명히 모색하지 않은 채, 생의 마지막 날까지 이어질지도 모른다. 당연히 프루스트에게 『잃어버린 시간을 찾아서』가 그러했을 것이다. 질병으로 눅눅하게 젖은 불면의 밤들, 하루하루 촛농처럼 녹아내리는 생애의 시간들, 그 위에 그는 문장을 세우고 또 지우고, 기어이 다시 적었다. 더디고 굼뜨면서, 때로는 제자리에서 맴도는 듯 생경한 리듬과 감각의 소설이 그렇게 탄생한 것이다.

프루스트가 창조한 소설 속 주인공 마르셀에게도 언젠가 해야 할 일이 있다. 작가가 되는 것이다. 그는 소명을 부여잡고 다양한 환상과 환멸을 겪는다. 그 과정은 소명을 이루기 위한 통과의례이기도 하다. 소설의 마지막 『되찾은 시간』

에서 마르셀은 이미 사라져버린 시간과 공간을 부활시킨다. 그러자 시공 안에서 죽어버린 이들도 저절로 다시 소생한다. 마침내 그가 해야 할 필생의 업이 완수된 것이다.

이 소설이 세상에 나오자, 해야 할 일들이 생긴 이들이 또 있었다. 유럽에서 동쪽으로 길게 직선을 그어보면 지루해질 때쯤 그 선의 끄트머리에 겨우 닿는 작은 나라. 이곳에서도 누군가는 평생을 걸어 그 소설을 번역하고, 또 누군가는 고단한 시간을 들여 그것을 연구했다. 독서가들은 또 어떠한가? 기존의 책들과 남다른 차원의 집중력과 시간을 할애해 소설을 읽는 데 쓰기 시작한다. 대신에 생업에 기울였던 노력은 포기한다. 프루스트의 동생의 말처럼 할 일이 없어지거나 다리가 부러져 외출을 하지 못할 정도의 조건을 걸어야 가능한 일이다. 하지만 그렇게 해서 몇 년에 걸쳐 꾸역꾸역 한걸음 한걸음 나아가더니 기어코 이 책을 완독하고야 마는 이들이 나타난다.

나에게도 언젠가 해야 할 일이 생겼다. 이 책의 방대한 분량과 난해한 내용을 각색한 희곡을 쓰고, 연극화하는 것이다. 그 일은 반드시 해야 할 일이고, 반드시 해야 할 일은 쉽게 달성되지 못한다. 쉽게 성사되지 않기에 도리어 해야 할 일의 무게감이 짙어진다. 가장 성가신 훼방꾼은 우리의 인생에서 언제나 중요한 것이라 여겨지는 시간과 돈이다. 이 소설을 각색하려면 많은 시간을 들여야 한다. 많은 시간을 들여 재독을 해야만 내용을 온전히 이해할 수 있다. 희곡을 쓰는 데도 많은 시간이 걸릴 것이다. 좋다. 그렇게 해서 기어이 희곡이 쓰였다고 가정을 해보자. 그다음엔 우리가 예상할 수 있는 높디높은 벽이 버티고 있을 것이다. 희곡을 실제로 연극화하기 위한 돈, 즉 제작비용이 내 앞을 완고하게 가로막는다.

소설은 한국의 오늘이나 과거가 아닌, 모든 것이 찬란한 문명의 산물으로 뒤바뀌고 그 안에 머무르는 이들 모두가 형용하기 어려웠던 낙관적 기대로 가득찬 벨 에포크 시대의 프랑스를 다룬다. 우리는 우리를 기준으로 다시 서쪽 방향으로 선을 죽 그어 가장 반대편에 있는 나라, 100년도 더 지난 시공간을 조사하고, 그들의 의상을 물질적으로 재현해야 한다. 그러한 작업의 비용은 현재 대학로 연극계에서 만들어지는 작품들을 가늠하는 통상의 생각을 달리해야 할 것이다.

그럼에도 불구하고 나는 상상과 가정이라는 만능열쇠로 내가 해야 할 일을 구현하기로 마음먹어본다. 나처럼 일생일대의 작품을 제작하고픈 거대한 야심을 가진 제작자 A를 만난 자리로 가보자. 물론 그는 나처럼 필생의 작품이 꼭 프루스트일 필요는 없다. 그가 나에게 말한다.

"작가님. 당신이 마르셀 프루스트의 '잃어버린 시간을 찾아서'를 완독한 극작가라 들었습니다. 제안을 드립니다. 이 소설을 각색해서 연극을 만들어주세요. 집필료와 제작비는 걱정 마세요. 당신이 원하는 만큼 드리겠습니다. 집필에서 공연까지 5년의 시간. 어떻습니까? 이것은 우리 둘 모두에게 대단한 사건이 될 겁니다. 프랑스에도 이 소식이 전해질 테니까요. 또 모르죠. 프랑스에서 이 작품이 공연이 될는지…"

흥분에 겨운 그의 말이 바람처럼 휙휙 지나간다. 제작자가 쉬지 않고 토해내는 문장 모듬에 얼떨떨하다. 나에게 이런 식으로 손쉽게 소명이 이뤄질 줄이야. 가벼운 흥분마저 휘돈다. 며칠 후 계약서에 사인한 나의 감정은 차갑게 식는다. 내 등에 커다란 봇짐이 들쳐진 압박감을 받았기 때문이다. 이것을 과연 내가 잘 해낼 수 있을까? 두려움과 긴장이라는 커다란 바위가 들어앉는다. 며칠 후 제작자는 계약료를 선입금했다. 계약서에 서명한 날부터 5년이란 시간이 주어졌다. 나는 이제 정말로 소설을 다시 읽고, 희곡을 쓰고, 연극을 올려야 한다. 무엇을 먼저 해야 할지 차근차근 머릿속을 정리해본다. 정말로 나는 무엇을 먼저 해야 할까?

이것은 누구의 이야기인가?

세상 모든 이야기에는 반드시 주인공이 있다. 더 정확히 말하자면, 있어야 한다. 이야기는 주인공이 무언가를 하는 행위와 그것들의 연쇄로 구성된 사건의 총합이다. 독자는 주인공이 '어떤 일'을 '왜' 하는 것이며, 그것을 '어떻게' 수행하는지 따라가는 과정에 동참함으로써 비로소 서사를 경험한다. 세계 최초의 근대적 소설이라는 세르반테스의 『돈키호테』는 세상에 만연된 악을 처단하고 정의를 구현하기 위해 모험을 떠난 주인공이 시행착오를 겪는 이야기다. 셰익스피어의 『햄릿』은 주인공이 아버지의 원수가 작은 아버지 클로디어스라는 것을 알게 되면서 무엇을 해야 하는지 극심한 내적 갈등을 겪다가 파멸을 맞이한다. 다시 정의하면 세상의 모든 이야기들은 주인공이 어떤 내외적인 목표를 세우고 그것을 달성하기 위해 다시 내외적으로 고군분투해 결말을 맞이하는 일련의 시간이다. 그렇다면 『잃어버린 시간을 찾아서』에서 주인공은 누가 되어야 하는 것인가?

소설의 주인공은 마르셀이다. 마르셀은 방대한 이야기 속으로 직접 들어가 능동적으로 참여하거나 혹은 여러 가지의 사태 속에서 한발자국 떨어져 나와 관조하는 화자이기도 하다. 마르셀은 작가 프루스트와 분리되지 않는다. 작가의 직간접적인 삶이 주인공의 이야기 안에 투영되어 있기에 작가의 대리자아이기도 하다. 이 소설을 각색하고자 하는 작가들은 주인공의 자리에 오를 만한 인물로 당연히 마르셀을 생각해볼 것이다. 그것은 거의 당위에 가까운 선택처럼 보인다. 그러나 당위가 반드시 정답은 아니다. 소설과 각색본의 주인공이 일치하는 당위적인 결론을 빗겨갈 수 있는 논리가 있기 때문이다. 그것은 한마디로 '각색자의 주사위'다. 각색자의 주관적인 해석을 통해 주사위를 던져 주인공을 바꿔버리는 것. 굳게 닫혀 버린 원작을 해석의 가능성으로 열어젖히는 것이 바로 각색이다. 주사위의 결과는 마르셀을 조연으로 밀어내고, 전혀 다른 인물을 이야기의 중심에 소환할 수 있다.

예컨대 누군가는 스완을 주인공으로 선택할 수 있을 것이다. 마르셀의 또 다른 분신이라 할 수 있는 스완은 모든 이들의 관심을 받는 사교계의 유명인사이자 유태인 출신의 미술품 거래인이다. 스완의 복잡한 이중의 정체성에 매력을 느낀 각색작가가 있다면, 그를 경계인으로 규정하고 경계인이 프랑스 상류사회 속에서 어떻게 살아남기 위한 사투를 벌이는 가에 집중할 수 있다. 이야기 안에서 빈번하게 언급되는 드레퓌스 사건은 그가 마주해야 할 대단한 시련이다. 소설 속에서 스완은 사건에 대해 직접적으로 입을 열지 않는다. 하지만 그가 사람을 맺고 끊어내는 사교관계는 주변인들을 상정할 수밖에 없는 필요조건이다.

사교 속 지인들은 필연적으로 스완을 해당사건의 호환가능성과 결부시켜 의심과 편견의 기호로 읽는다. 결국 경계인으로서의 스완은 사교관계 속에서 능동의 주체가 아닌 피동의 타자로 배치된다. 그가 사람들에게 예의를 차리고 친절하게 구는 것은 그의 덕목이기도 하지만, 경계인으로서 타자의 정체성이 만들어낸 방어이기도 하다. 사람들과 깊게 어울리지 못하는 경계인의 포지션은 그의 정체성을 궁금해하지 않는 다른 무엇으로 피신하게 만든다. 이 점을 이해한다면 베르미어의 그림에 집착하거나 뱅퇴유 음악에 감동하는 예술애호에 욕망을 투사하는 것이 납득가능한 행동이 된다. 어느 작가가 스완에게 주목하는 주사위를 던졌다면, 그 각색은 현대사회의 젠더, 인종, 계급 속에 포위된 경계인의 문제를 환기하는 날카로운 은유로 해석될 가능성이 있다.

샤를뤼스 남작이라는 이중의 육체를 가진 인물을 집중적으로 호출할 수도 있겠다. 굳이 연극을 예로 들지 않더라도 현대의 영화, 소설 등 다양한 장르에서 성적소수자 이야기는 많은 주목을 받는다. 동시대의 이야기 흐름을 반영한다는 점에서 샤를뤼스는 분명 매력적인 인물이다. 샤를뤼스는 겉으로는 귀족적 품위를 장착하고 사회적 권위와 위신을 유지하지만, 내면에는 억압된 욕망과 격렬한 감정적 진폭, 자기혐오와 자기방어라는 서로 어울릴 수 없는 이항대립의 심리들이 동시에 춤춘다. 겉과 속이 완전히 다른 인물의 이중성은 각색 작가에게 큰 매력으로 다가올 것이다. 성을 여성과 남성이라는 이분법으로 구분하지 않고 성 안에서도 수많은 포지션을 상정할 수 있는 스펙트럼 식의 사고로 그를 해석한다면 그는 현대적 인간의 얼굴로 다시 태어날 수 있다.

그를 현대적 인간으로 정의하면, 작품은 분명 다른 방향으로 나아간다. 우리는 『되찾은 시간』에서 샤를뤼스의 리비도가 전쟁이라는 집단억압기제와 만났을 때 어떤 식으로 분출되는 지도 지켜보았다. 소돔과 고모라의 도시가 된 1차 세계대전의 파리, 쥐피엥의 호텔로 둔갑한 어두운 밀실에서 쇠사슬에 묶인 채 가죽 채찍질을 받으며 사디즘을 즐기는 그의 모습은 모든 독자들을 경악하게 한 장면이다. 이 광경에 영감을 받은 어떤 작가는 그의 행동을 단순한 일탈과 쾌락의 추구가 아닌, 사회와 타인으로부터 받았던 억압과 수

치심, 자기혐오에 대한 역설적인 저항의 행위로 간주해 과감한 각색을 시도할 수도 있을 것이다.

몸을 스스로 혹사해가며 위태로운 삶을 사는 것으로 묘사된 샤를뤼스는 의외로 작품의 끝까지 살아남는다. 방탕한 삶으로 점철된 인물은 대개 작가에게 요절의 운명을 낙인받지만, 프루스트는 의외로 그에게 비극적 결말을 부여하지 않는다. 물론 소설 종반부에서 그는 분명히 몰락했다. 화려한 귀족의 기품을 가졌던 외모는 이제 백발이 성성한 노인으로 전락했고, 성적 쾌락을 위해 방황하던 육체는 중풍의 흔적으로 거동이 불편한 상태다. 그럼에도 불구하고 그는 시간의 광풍에 휩쓸려 소멸해간 다른 이들과 달리 살아남았다. 처연한 연민을 자아내는 귀족의 몰락은 이야기를 단순히 성소수자의 정체성이라는 주제에 그치지 않게 한다. 끝까지 살아남은 샤를뤼스에게 귀족계급의 퇴조와 시민계급의 부각을 분명하게 아로새긴 시간의 차가운 흐름은, 어떤 이에게는 모든 것을 바꾸어 재배열하는 시간의 압도적인 권위와 숙명성의 피조물로 샤를뤼스를 바라보게 할 것이다.

나의 경우 샤를뤼스와 사랑을 나누는 바이올리니스트 모렐을 주목하고 싶다. 귀족과 부르주아들이 빼곡한 소설 세계 속에서 그는 드물게 서민 출신이다. 모렐은 성공을 위해서라면 무엇이든 거리낌이 없는 젊은이로 묘사된다. 샤를뤼스가 모렐에게 집착할수록 모렐은 그의 심리를 교묘히 이용해 금전적 이득이나 사회적 지위의 상승을 도모한다. 다분히 기회주의적이고 이기적인 인물이라 할 수 있다. 이러한 모습은 『고리오 영감』의 주인공 라스티냐크와 매우 흡사하다. 성공 욕망과 신분상승의 갈망을 숨기지 않는 캐릭터는 발자크 소설에 전면적으로 배치되는 인물형이다. 사회경제적 상승욕구, 출세에 대한 열정, 자기 이익을 위한 적응력으로 무장한 모렐. 발자크적인 문제인물로 설정된 모습은 그를 주인공으로 도약시키는 각색을 과감하게 시도할 수 있는 용기를 내게 한다.

이렇게 여러 주인공을 상정해본다. 잠시 후 나는 다시 원점으로 돌아오고야 만다. 소설의 핵심적인 로그라인은 작가가 되고 싶은 마르셀이 어린 시절부터 성년 무렵까지 전 생애에 걸쳐 다양한 사람들을 만나고 이들이 속한 시공간을 통과하면서 결국 작가가 되고야 마는 이야기다. 마르셀이 경험한 모든 것들을 기록한 총체적 결과물이 바로 이 소설의 전부다. 주인공의 여정이자 그것이 소설인 구조. 뫼비우스의 띠 같은 무한영겁회귀의 이야기 구조는 마르셀이 주인공이어야만 완성될 수 있다. 나는 프루스트가 의도한 완전무결한 형식을 버릴 수 없다. 결국 나는 이야기 속으로 다시 들어가 구조의 완성을 주도하는 마르셀을 주목할 수밖에 없다.

마르셀은 생애에 걸쳐 다양한 시공간과 그 안에서 또다시 다양한 인간 군상들을 경험을 하게 되는데, 그것은 늘 환상에서 시작해서 환멸로 끝난다. 이러한 반복경험을 통해 얻어진 것은 다양한 종류의 강렬한 자각이고, 그 자각은 이 모든 것들을 글로 남기겠다는 소명으로 이어진다. 결국 이 이야기는 주인공이 작가가 되겠다는 필사적인 소명을 위해 내적인 투쟁을 하는 장이라 할 수 있다. 소설에 적힌 모든 글들은 투쟁의 증거이자 결과물이다. 나는 이 테마를 포기할 수 없다. 연극으로 반드시 표현하고 싶다. 힘이 닿는 한, 끝까지 밀어붙이고 싶다. 이것은 해석이 아니다. 있는 그대로 가감없이 옮겨야만 한다. 프루스트는 이 테마를 말하기 위해 소설 쓰기라는 격렬한 사투를 벌였고 나는 이 사투를 외면하고 싶지 않다. 그의 노력을 그대로 진심으로 관객에게 전하고 싶다. 이것은 고스란히 남김없이 어떤 실체로 어떤 감정으로 관객에게 전달되어야만 한다. 소설을 읽지 않은 관객이라도, 소설에 담긴 그의 작의를 온전하게 형상화하는 것이 각색을 맡은 나에 대한 정언명령이라 할 것이다.

자 이제 주인공의 선정이라는 대전제의 숙제가 겨우 끝났다. 어쩌면 가장 어려운 문제부터 연역적으로 푼 것인지도 모르겠다. 이제 연극의 주인공은 마르셀이다. 연극은 마르셀이 콩브레 시절 첫사랑 질베르트와의 이야기부터 출발해, 휴양지 발베크에서 알베르틴을 만나고, 게르망트 가문의 속물적인 모습들을 경험하고, 동성애라는 금기된 경험을 목격한 후, 진정한 사랑이었던 알베르틴을 떠나보내는 비극을 맞이하고, 1차 세계대전 후 남겨진 사람들까지를 전 생애에 걸쳐 경험하는, 동시에 회고하는 장이 될 것이다. 이야기가 진행되는 과정에서 마르셀은 보고 들은 모든 것들을 틈틈이 기록할 것이다. 작가로서의 소명, 사라진 것들을 글로 부활시켜야 하는 숙명에 관한 이야기이기 때문이다. 이렇게 주인공과 주인공의 초목표도 정해졌다.

이야기를 압축할 것인가? 가만 놔둘 것인가?

마르셀이 주인공으로 정해지자 또 다른 고민이 고개를 든다. 이야기 안에서 쏟아지는 방대한 시간과 기억. 그 육중한 부피와 대면해야 하기 때문이다. 이야기는 마르셀의 유년시절부터 청년과 중년시절까지 거의 전 생애에 걸친 시공간을 담고 있다. 주인공의 선택이라는 산봉우리를 통과하자, 이번엔 방대한 시공간이라는 험준한 산맥을 넘어야 한다. 이제 각색의 물꼬는 소설을 어떻게 압축할 것인가에 관한 문제로 접어든다. 실마리를 얻기 위해 먼저 나와 같은 길을 건너간 이들이 남긴 자취를 되짚어본다.

1984년 독일감독인 폴커 슐뢴도르프의 〈스완의 사랑〉이라는 영화가 있다. 감독은 귄터 그라스의 소설 『양철북』을 성공적으로 각색한 경험이 있다. 이 영화는 주인공을 마르셀이 아닌 스완으로 바꾼다. 스완이 오데트와 나누는 치명적인 사랑, 그 열병과 질투의 소용돌이만을 끄집어내 단독의 이야기로 만든 것이다. 선택과 집중의 전략이라 할 수 있다. 1999년, 칠레 출신의 감독 라울 루이즈는 다른 방식으로 소설을 재단한다. 소설의 마지막 부분인 『되찾은 시간』 만을 영화로 옮겨, 마르셀이 회고한 기억들이 어떻게 통합되는지만을 부각시킨다. 기억의 대서사를 단박에 압축하려는 시도라 할 수 있다. 2011년 프랑스의 방송사에서 만든 TV영화 버전도 있다. 소설의 전체 분량을 2부작 영화로 요약한 것이다. 노벨문학상을 수상한 극작가 해롤드 핀터도 소설을 시나리오로 옮기려 했다. 1977년 그가 쓴 『Remembrance of Things Past』는 소설의 최초 영문번역본 제목을 가져온 것이기도 하다. 이 대본은 영화로 완성되지 못했다.* 조셉 로지 감독이 연출을 맡아 영화화가 진행되고 있었지만, 4시간에 달하는 대서사로 인해, 당시 예술영화의 통상적인 수준보다 많은 제작비가 필요했다. 결국 이 대본은 훗날 몇 차례 연극으로 공연되었을 뿐, 영화화라는 본연의 운명은 미완에 그쳐버렸다.

이 모든 선례를 경유하며 나에게 되묻는다. 이 방대한 이야기를 압축할 것인가, 아니면 그대로 통과할 것인가. 결론은 후자다. 총 7편의 세부적인 이야기들을 모두 각색하는 것이다. 이런 식으로 정면 돌파를 택해본다. 전체 이야기를 모두 다루되 프랑스에서 제작된 TV버전처럼 하나의 긴 서사로 축약한다는 의미가 아니다. 각각을 '하나의 완결된 세계'로 존중한다는 것이다. 그러니까 이 말은 '스완네 집 쪽으로', '꽃핀 소녀들의 그늘에서', '게르망트 쪽', '소돔과 고모라', '갇힌 여인', '사라진 알베르틴', '되찾은 시간' 모두를 하나의 독립된 연극으로 각각 만드는 것을 뜻한다. 마르셀이

* 해롤드 핀터가 영화를 위해 각색한 시나리오는 영화화되지는 못했지만, 시나리오는 〈The Proust Screenplay〉라는 제목으로 책의 형태로 출간되었다(Grove Press, 1978). 반면 해당 각본으로 영화가 아닌 연극으로 〈Remembrance of Things Past〉가 2000년 영국 런던의 왕립국립극장에서 상연되었다.

소명을 이루기 위해 통과한 시간과 공간, 관계와 감정, 환상과 환멸의 층위를 각 편들이 고유하게 담아내고 있기에, 나는 그것들을 각각의 무대로 고스란히 펼쳐내고 싶다.

이 7편의 연극은 하나의 물길에 모여, 마르셀이 작가가 되어가는 거대한 여정으로 수렴될 것이다. '잃어버린 시간을 찾아서'라는 제목 아래 일단 총 일곱 개의 희곡 시리즈가 나오는 것이다. 여기서 더 나아가보자. 더 오래, 신중히, 차근차근 생각해보자. '갇힌 여인'과 '사라진 알베르틴'은 마르셀이 겪은 알베르틴과의 비극적인 사랑의 전체를 다룬 것이다. 마르셀이 알베르틴에 대한 집착으로 그녀를 집 안에 가두지만, 그녀가 기어이 탈출해 죽음으로써 영원히 사라져버린 이야기다. 사랑이 집착으로 변하고, 집착이 감금으로 이어진 후, 죽음이라는 비극으로 종결되는 이 연속의 서사는 본질적으로 '극단적인 사랑'이 만들어낸 총체적 결과물이다. 그렇다면 두 편으로 나눠진 이야기는 통합이 충분히 가능하다. 이렇게 되자 희곡의 시리즈는 일곱 편에서 여섯 편으로 수정된다.

세부적인 주제는 무엇인가?

『잃어버린 시간을 찾아서』를 희곡으로 각색하는 시도는 이야기의 재현을 넘어서, 주인공 마르셀이 작가로 태어나는 긴 여정, 곧 '소명의 실현'이라는 대서사의 연극화 작업이다. 여섯 편으로 구성된 이 연극 시리즈는 개별 편마다 독립적인 서사와 주제를 갖추되, 최종적으로는 하나의 중심 궤도로 수렴되어야 한다. 그 궤도는 바로 '예술가로서의 탄생'이며 궤도를 움직이는 힘은 마르셀이 수행하는 '정신의 사유와 행동의 실현'일 것이다. 이제 각 편의 세부 주제를 탐색하며, 그것들이 대서사와 어떻게 유기적으로 맞물리는지 살펴보자.

1편 『스완네 집 쪽으로』는 이야기를 출발시키는 원동력이자 이야기를 액자 속에 가두는 형식구조를 명확히 드러내는 두 가지 목표를 수행한다. 1편을 로그라인의 관점에서 본다면 마르셀이 작가가 되려는 소명을 발견하는 이야기로 정리할 수 있다. 마르셀의 욕망은 무의식 안에 감추어진 채 파편화되어 있으며, 의식의 표면 위에서 좀처럼 구체화되지 않는다. 슬그머니 꽃봉오리를 피우려다가도 속내를 들키는 게 수줍은 듯 꽃잎을 오므려버린다. 그런 마르셀의 미묘한 심리를 관객에게 고스란히 전달하는 것이 각색과정에서의 핵심 목표가 될 것이다.

플롯의 구성적인 관점에서 본다면 '시간의 액자'를 조립한 후 그것을 오롯이 세워서 현재와 과거의 구분을 관객에게 명확히 이해시키는 것이 중요하다. 여기서 말하는 '시간의 액자'는 현재와 과거를 구분하거나 시계태엽처럼 기억을 되감기하는 연극적 표현이나 행동양식을 의미한다. 그 유명한 비의지적 기억, 즉 현재의 마르셀은 과거로 들어가기 위해 홍차를 곁들인 마들렌 과자를 한 입 베어 물어, 콩브레에 있던 어린 시절의 나를 만나는 순간도 시간의 액자 속에 통합되어야 할 것이다.

1편에서 마르셀은 극 전체에 걸쳐 중요한 인물들인 가족과, 첫사랑 질베르트와 대리분신인 스완을 만난다. 할머니를 비롯한 가족들은 그의 여정을 단단히 지켜봐주는 이들을 의미한다. 소명의 추구 과정에서 자칫 낙오하더라도 언제든 돌아갈 보금자리가 있다는 정신적 안정감을 주는 지지자들이며, 이러한 안정감을 기반으로 그는 소명이라는 불확실한 미지의 여행을 떠날 수 있다. 혈연관계가 없는 질베르트와 스완은 마르셀에게 독특한 생의 경험을 선사해주는 통과의례로서의 등장인물을 의미한다. 가족이 아닌 그들은 전에 겪어보지 못한 생경하고도 다양한 감정들을 알려주고 그것의 본질이 무엇인지에 대한 궁금증을 낳게 한다. 그들은 세상이 이해할 수 없는 것으로 가득 차 있음을 의미하기도 하고, 마르셀이 끊임없이 물음표를 던지고 알아내야 할 대상이 될 수도 있다. 마르셀은 그들을 통과해 그런 낯선 경험들을 계속 되새기고 해석하려 해야 할 것이다. 그래야만 궁극적으로 작가가 되려는 이상과 그 경험들을 서로 이을 수 있다.

2편 『꽃핀 소녀들의 그늘에서』는 시간을 한걸음 건너뛰어 청소년기를 묘사한다. 공간적 전환(콩브레에서 발베크로)과 시간적 도약(유년기에서 청소년기로)은 곧 내면의 전복과 창조의 징후로 이어질 것이다. 2편을 독립적으로 해석한다면 청소년이 주인공인 한 편의 성장드라마라고 이해하고 싶다. 창작에 관한 새로운 눈을 뜨는 곳이 백사장 너머 푸른 바다가 보이는 고급 휴양호텔이 있는 발베크라는 점은 의미심장하다. 콩브레나 본가가 있는 파리 같은 익숙한 동네라면 새로움이 주는 낯선 충격의 조건을 주기가 힘들다. 새 술은 새 부대에 담아야 맛이 나듯, 창작에 대한 자각은 새롭고 낯선 곳이어야만 효과가 발휘된다.

마르셀은 화가 엘스티르의 아틀리에를 방문하고 '은유적 직관'으로 사물을 바라보는 방법을 경험하지만, 그것의 중요함을 단박에 알아채지 못하다. 전 권을 읽은 우리는 안다.

훗날 마르셀이 기존의 관습이 아닌 다른 방식의 창작을 시도하는데, 그것의 원형이 바로 엘스티르의 회화론이라는 것을. 덧붙여 마르셀은 낯선 감수성을 하나 더 발베크에서 경험한다. 대상은 말 그대로 '꽃핀 소녀'들이다. 훗날 진정한 연인이 되는 알베르틴이 포함된 소녀들은 외견상으로는 건강함과 활기를 표상하지만, 내부에는 형질을 곧바로 알아채기 힘든 복잡미묘한 씨앗이 숨어 있다. 이 무리는 처음엔 마르셀에게 관찰의 대상이었다가 점점 감수성을 교류하는 감정의 원천으로 바뀐다. 이야기의 마지막, 찰싹찰싹 파도가 치는 절벽 아래에서 바람을 맞으며 놀이를 하는 꽃핀 소녀들과 마르셀의 모습은 그 자체로 우리에게 어느 이온음료 광고를 연상케 하는 익숙한 심상을 전달한다. 인생을 회고하는 현재 마르셀에게 발베크의 시기는 다양한 감수성을 생성하게 한, 아련하고도 아득한, 행복감으로 충만했던 시간일 것이다. 그렇다면 2편의 각색은 전술한 분위기를 꾸미기 위한 온갖 총력전이 될 것 같다.

3편 『게르망트 쪽』은 게르망트 가문의 살롱과 그들의 이야기를 다룬다. 그곳은 표면과 속내가 완전히 다르다는 점에서 일종의 '사회적 연극' 무대라 할 수 있다. 이제 이야기는 분위기를 본격적으로 전환시킨다. 속물성이 가득한 온갖 인물들을 바라보는 마르셀의 시니컬함이 노골적으로 드러나기 시작한다. 본래의 게르망트가는 마르셀이 어린 시절부터 동경해왔던 유서 깊은 귀족가문이다. 콩브레 시절, 먼발치에 보이는 게르망트 가문의 성은 가까이 다가갈 수 없는 환상이었고, 가문의 핵심인 공작부인은 성당에서 곁눈으로만 훔쳐본 신비로운 여성이었다. 마르셀은 빌파리지 부인을 통해 게르망트 공작부인이 주관하는 살롱에 초대를 받는다. 그곳으로의 진입은 꿈에 그리던 환상에서 적나라한 현실 속으로의 이행을 의미한다.

그가 경험한 귀족사회는 저속하고 속물적인 세계에 불과했다. 다들 겉으론 웃고 있지만 속으론 조소의 대상을 찾아나서는 표리부동의 사회적 연극 무대인 것이다. 누군가와 새로 결탁하고 기존의 지인은 다시 떨어져 나간다. 호의는 오해를 낳고, 오해는 배척으로 이어진다. 게르망트가의 민낯을 마주하자 마르셀의 막연한 동경과 환상은 붕괴하고 씁쓸한 환멸로 뒤바뀐다. 1편과 2편이 실수가 가능한 미성숙한 자아의 솔직함을 긍정했다면, 3편 게르망트가는 마르셀에게 성인 세계의 비정한 정서를 주입시킨다. 각색의 핵심은 여기에 있을 것이다. 얼굴 가득 설렘을 품은 채 게르망트가 성문 안으로 들어갔으나, 실망을 가득 품은 채 문 밖으로 나가는 그의 뒷모습. 이 광경이 바로 3편을 상징하는 장면이지 않을까.

4편 『소돔과 고모라』는 가장 현대적인 감수성을 표현해야 한다. 어쩌면 각색하기에 가장 어려운 테마일 수도 있겠다. 동성애에 얽혀 있는 다양한 등장인물을 다루어야 하기 때문이다. 무엇을 중요하게 탐색해야 할지 잠시 고민해본다. 동성애를 단순히 성소수자들의 은밀한 사랑으로 해석하는 것은 시대착오적이다. 지금을 살고 있는 나의 시각. 현대적인 눈으로 세계를 조망해야 하는 것이 필요하다. 하나의 문구가 여명처럼 불쑥 떠오른다. 사랑의 스펙트럼. 사랑의 복잡한 편린들, 다층의 사랑을 구성하는 세계를 다루는 것이 각색의 핵심일 수 있겠다. 사회질서 속에서 인간의 성이 남과 여 두 개로 고정관념화 되었다면, 스펙트럼의 시각에서는 남과 여 사이의 10개, 100개의 세분화된 성들이 존재할 수 있다. 이것이 현대적 시점에서 재정의되는 성의 개념이다. 프루스트도 '동성애'라는 정의 자체를 무미건조한 과학적인 분류 행위로 보고 그러한 명명 자체를 거부한다는 입장을 소설 속에 명확하게 적시해 놓는다.

성이라는 테마를 대변할 인물로는 샤를뤼스를 전면에 내세우고 싶다. 마르셀의 직접적인 응시도 필요하지만, 샤를뤼스라는 간접투사를 통해 복잡한 사랑의 양태를 이야기하는 것이 더 효과적인 방법이라 생각해본다. 샤를뤼스는 자기혐오와 자기방어 사이에서 격렬한 심리적 요동을 하는 모순성의 인물이다. 때로는 섬세한 감수성을 표현하는 여성이었다가, 어느 한순간에는 전형적인 남성상으로 돌변하기도 한다. 그가 상대하는 인물들과의 관계성을 포착하고 그 안에서 생성되는 성의 다양한 심상들을 이야기로 표현하고 싶다. 그것이 성공한다면 사랑의 다양한 스펙트럼이라는 현대적 관점의 주제가 자연스럽게 오롯이 드러나지 않을까?

5편 『갇힌 여인』과 6편 『사라진 알베르틴』은 하나의 이야기로 과감히 통합하는 게 가능하다고 믿는다. 이것은 마르셀이 알베르틴을 나름의 방식으로 사랑하는 이야기다. 이것은 사랑이 왜곡되며 벌어지는 결과물이다. 이것은 사랑이 다른 감정으로 변질되는 비극이다. 즉 알베르틴이라는 진상, 허상, 망상의 늪에서 허우적대는 마르셀의 어긋난 사랑 이야기다. 마르셀은 끊임없는 의심과 질투를 극복하지 못하고 알베르틴을 집에 가둬버린다. 24시간 감시와 통제를 가하며 가스라이팅하는 것이다. 하지만 우리는 안다. 사랑의 대상을 완전하게 소유하려고 갈망할수록 더더욱 멀어지는 사랑의 역설을. 마르셀이 알베르틴에게 집착할수록 알베르틴의 진상은 휘발되고, 허상과 망상의 이미지만이 복제를 거듭한다. 알베르틴의 과거와 성적 정체성의 진실을 알기 위한 강박적인 뒷조사로 발견된 단초들은 사실일 수도 있고, 사실이 아닐 수도 있다. 그것을 명확히 구분할 수 있는 권능이 마르셀에겐 없다. 알베르틴의 뒤를 밟고 그녀의 지인을 통해 그녀의 과거를 캐물을수록 그 안에서 줄줄이 딸려 나오는 것들은 진실의 낱말이 아닌 모호한 기호들일 뿐이다. 그러한 과정들이 누적되자, 마르셀은 진실의 미로 속에서 길을 잃고 헤맨다. 이것은 알베르틴이 죽어야만 끝나는 게임일 것이다.

결국 마르셀의 감옥에 갇혀 있던 알베르틴이 탈출 후 사고사로 영원히 실존이 소멸됨으로써 게임은 종료된다. 나는 5편과 6편이 사랑에 관한 인간의 심리를 저 아득한 심연까지 집요하게 파고든 이야기라 여긴다. 두 사람의 사랑을 지켜보며 숨이 멎어 질식할 것 같은 느낌을 고스란히 관객에게 전달하는 것이 각색의 핵심일 것이다. 순수한 사랑이 시간이 지나 변질되어 이름만 남고 그 안에 집착과 소유욕이라는 괴물이 들어서면 어떠한 양태를 띠는 지를 집요하게 두 사람의 행동과 대사로 묘사해야 하지 않을까?

더욱 흥미로운 것은 알베르틴이 죽고 난 후다. 사랑의 대상이 완전히 사라진 후, 마르셀의 마음은 그제야 고요해진다. 시간이 흐르고 베네치아 여행을 하는 동안 불쑥불쑥 그녀의 심상이 그의 의식 속에 떠오른다. 이제는 차분한 평정감을 유지하기에 도리어 그녀를 애도하고 온전한 정신으로 기억을 재구성할 수 있는 기회를 갖게 된다. 사랑이 종결된 이후에 재구성되는 또다른 사랑. 이것조차 사랑의 본질적인 속성이라 할 수 있을까? 프루스트가 다룬 사랑 이후에 재구성되는 또다른 사랑이라는 영역까지 남김없이 끌어안아야 5, 6편의 각색이 온전하게 끝날 것 같다.

7편 『되찾은 시간』에서 마르셀은 지금까지 벌여놓은 이야기를 수습하기 위해 서서히 발동을 건다. 전 생애에 걸쳐 뿌려놓은 시간을 모두 되찾아야만 책에 고스란히 집어넣어 작가로서의 소명을 완수할 수 있다. 각색도 소명의 발견 → 예술적 각성 → 환멸의 경험 → 새로운 성의 인식 → 사랑의 극단성의 체험 → 소명의 완성이라는 세부적인 테마를 완전하게 매듭한 여정이 될 수 있도록 마무리되어야 할 것이다. 6편에서 7편으로 넘어가자 시간은 더욱 매섭게 흘러버렸다. 전 유럽을 악몽의 소용돌이에 몰아놓은 1차 세계대전이 발발했다. 동성애자들은 밤의 밀실에 틀어박히고, 상이용사들은 폭격으로 폐허가 된 거리를 헤맨다.

전쟁을 통과하자 파리 사회는 많은 것들이 변했다. 귀족들은 몰락했고, 그들의 영화로운 자리는 부르주아 시민계급이 독차지한다. 시간이라는 신이 위력을 발휘해 휩쓸고 간 자리에 기존의 것은 소멸되고 새로운 것이 생성된 것이다. 이 모든 생성소멸의 변화를 모두 목격하고 경험한 이는 당연히 우리의 주인공 마르셀이다. 극의 최종장인 7편은 1편에서 시공간을 구분하는 액자를 당당히 세우고 과거로 뚜벅뚜벅 걸어 들어갔던 마르셀이 다시 그 액자를 빠져나온 후 그것을 스스로 부수는 이야기다. 액자 안에 들어갔다가 도로 빠져나오기 전까지의 경험과 의식들은 책 속의 활자로 반드시 박제되어야만 소명이 비로소 완수된다. 반드시 그렇게 되어야만 한다. 그래야만 흩어져 없어진 시공간들과 그 안에서 사라져버린 사람들이 모두 부활하여 영원불멸의 세계로 들어갈 것이다.

연극의 관객들이 7편의 엔딩을 보고 있는 광경을 그려본다. 1편부터 7편까지의 모든 등장인물들이 무대 위에 재등장하여 커튼콜을 하면 어떨까? 소설을 성공적으로 각색했다면, 막이 내려진 순간 관객들의 머릿속에 이야기가 물거품처럼 사라지지 않을 것이다. 도리어 이야기의 잔향이 아주 길게 엿가락처럼 늘어져 관객을 끈질기게 물고 늘어질 것이다. 각색의 방향이 옳았다면 자기 직전 머리말에도 머릿속에서 이야기가 뱅뱅 맴돌지 않을까? 그렇게만 된다면, 나는 이 이야기를 해피엔딩이라고 생각하고 싶다. 소명이 달성되고 이야기는 영원히 남았기 때문이다.

마르셀과 무대는 어떻게 표현할 것인가?

희곡이 무대화되는 것을 기정사실화한 후엔 매우 현실적인 문제를 고민하기 시작한다. 그것은 희곡 속에 지시문으로 미리 기술되어야 하는 과제이기도 하다. 주인공 마르셀을 어떻게 표현할 것인가? 먼저 이 고민을 희곡 안에서 다루고 해결해야만 한다. 각색한 총 6편의 이야기는 마르셀의 유년시절부터 청년시절과 중장년시절 모두를 다룬다. 여기서 자동적으로 봉착한 문제는 '다양한 나이대를 아우르는 마르셀을 배우 한 사람이 연기할 수 있는가'이다. 연극에서 한 명의 배우가 다양한 나이를 소화하는 것은 매우 흔한 일이다. 심지어 30대의 배우가 노인 역을 20대의 배우가 아역을 맡기도 한다. 연령의 스위칭은 오히려 배우의 연기력을 뽐낼 수 있는 가능성이 있기 때문에 연극적 허용이라는 전제 안에서 장려되기도 한다.

하지만 이 작품처럼 10대 유년시절부터 40대에 이르기까지를 한 명의 배우가 소화하는 것은 작품이 견고하게 구축한 구조와 근본적으로 부딪친다. 『되찾은 시간』에서 설정된 40대의 마르셀이 자신이 통과한 여러 과거를 의식의 흐름이라는 방법으로 회상하고 서술하는 액자형 구조를 연극적 허용으로 뒤흔드는 것은 거의 불가능하다. 그렇다면 이 구조를 인정한 채 마르셀을 두 명의 자아로 분리할 필요성을 주장하고 싶다. 분리된 자아를 상정하면, 40대가 된 지금의 나가 10대 소년의 나를 바라보며 의식의 흐름을 표현하는 독백은 자연스럽다. 이 독백은 희곡 안에서 매우 중요한 역할을 할 것이다. '현재의 나'가 '과거의 나'가 경험한 생애의 시공간을 목격하고 이에 대한 감각과 해석, 표현과 분석, 마지막으로 종합을 총망라할 것이다.

이런 식으로 관찰의 자아와 관찰당하는 자아, 의식만을 수행하는 자아와 행동으로 옮기는 자아를 감히 분리하는 실험을 해보고자 한다. 이러한 실험은 결국 한명의 배우가 아닌 여러 배우들이 마르셀을 연기해야 함을 의미한다. 극을 이끄는 화자이자 이야기의 중간중간에 등장해 과거를 회상하고 의식을 기술하는 40대의 나, 콩브레 시절의 어린 아이로서의 나, 20~30대의 나. 총 3명의 배우가 마르셀을 연기하는 것으로 주인공 마르셀의 설정을 정리해본다. 소설의 첫 문장은 아마 희곡의 첫 대사가 될 것이다.

"오랫동안, 나는 일찍 잠자리에 들어 왔다."

이 대사는 당연히 극을 이끄는 화자인 40대의 마르셀에게 양보해야 한다. 지금의 마르셀은 과거 속 다양한 마르셀을 옆에서 지켜볼 것이고, 또 과거라는 지층 안에서 생성된 마르셀의 다양한 의식들은 고스란히 기록되어 지금의 마르셀이 대신 전달해줄 것이다. 현재의 마르셀이자 화자를 맡은 배우는 이러한 이중 복합의 자아 메커니즘을 무대 위에서 실시간으로 수행해야만 한다.

희곡은 단순히 등장인물들의 행동을 지시하고 대사로 발화하는 것만을 기술하지 않는다. 희곡의 첫 장은 대개 무대를 어떻게 표현해야 할지에 대한 지시문이 담겨 있다. 이야기의 무대를 어떻게 만들어야 할지를 고민하고 그것을 글 안에 적시해야만 하는 것이다. 무대에 대한 묘사와 지시는 제작비와 직결된다. 소설 속엔 다양하고도 풍성한 공간들이 등장한다. 유년기를 보내는 콩브레, 휴양지인 발베크, 파리 상류사회, 신문물이 배회하는 파리의 거리를 비롯해, 마르셀의 의식이라는 개념도 하나의 추상적인 공간으로 상정해

볼 수 있다. 시각매체의 왕인 영화라면 이 모든 것들을 그럴듯하게 표현할 수 있을 것이다. 반면에 연극에게 공간의 표현은 약점임과 동시에 도전이기도 하다. 하나의 무대 안에서 다양한 공간을 처리해야 하기 때문이다.

이 문제는 무엇을 취하고 무엇을 버리는 것인가에 대한 결정으로 이어진다. 다양한 가시적 시공간과 의식의 시공간을 수시로 넘나드는 이 작품에 취사선택의 문제는 특히 큰 골칫거리다. 연극의 구조적 한계와 100년도 넘은 프랑스의 벨 에포크 시대 재현에 따른 제작비 문제를 동시에 고려해야 한다. 모든 것을 세세하게 남김없이 재현하고자 하는 욕망은 창작자라면 누구나 가질 것이다. 하지만 그것이 현실적인 문제와 부딪치면 불편한 단어로는 타협, 대안적 단어로는 창의적 선택을 할 수밖에 없다.

나는 이 지점에서 더욱 과감한 선택이 필요하다고 믿고 싶다. 사실 소설 속에서 벌어진 상황들은 마르셀의 머릿속에 벌어진 기억들이다. 연극은 모든 이미지를 전면적으로, 공격적으로 재현하는 영화와 구별되어야 한다. 우리는 소설 속에서 매우 치밀한 의도로 촘촘히 배열된 단어들의 조합을 통해 그곳에 가지 않고도 충분히 그곳을 상상할 수 있다. 마찬가지로 연극에서도 우리는 배우가 발화하는 대사 한마디를 통해서도 이 공간에서 저 공간으로 간단하게 건너갈 수 있다. 복잡다단한 공간을 표현하는 것이 애당초 불가능하다면 차라리 공간과 시대를 알 수 있는 최소한의 대소도구를 제외하고 무대를 비워버리는 미니멀리즘적 선택이 나을 거라 판단해본다. 그것은 현대 연극이 추구하는 모더니즘 경향과도 잘 맞아떨어진다. 무대세트를 짓고, 당시를 고증한 코르사주를 단 드레스를 입은 배우가 아닌, 미니멀한 무대에서 과거의 모드를 구현하되 현대적으로 해석한 의상을 입은 배우가 연기하는 것이 동시대의 관객에게 더 많은 공감을 일으킬 수 있지 않을까?

환상에서 빠져나오며

다시 환상에서 걸어 나온다. 제작자에게 각색을 의뢰받고 5년의 시간 동안 집필을 하고 연극을 올렸던 그 순간에서 현실로 빠져나오는 것이다. 현실을 자각한 순간, 신기루 같은 나의 공상이 와르르 허물어지는 것을 목격한다. 그리곤 허탈해한다. 그러기를 수시간 후에야 겨우 정신을 차린다. 이제 나는 지금까지의 공상이 무슨 의미인지 되새김질 해본다. 마르셀 프루스트가, 혹은 마르셀이 그랬던 것처럼, 내가 의식 속에서 길어올린 생각의 편린들이 이 책에 고스란히 남았다. 내가 꿈꾸고 고민하고 사유했던 시간들이 활자화되었고 이로 인해 그 모든 것들이 남아 있는 것이다. 지금 이 글을 읽고 있는 당신은 내가 각색을 위해 고민한 시간을 들여다보고 있다. 당신이 이 글을 읽고 있는 동안, 내가 공상했던 것들을 머릿속에 흡사하게 추상했다면, 그 과정 자체가 어쩌면 이미 연극이 만들어진 순간일지도 모르겠다. 이 글을 통해 『잃어버린 시간을 찾아서』라는 텍스트를 사유하고 고민하고, 나의 머릿속에서나마 각색을 하고 무대를 실현했다는 것에 만족해본다.

소설을 각색하고 연극이 만들어진 그 순간을 당신이 스스로 의식 안에 품는 그 시간에, 나는 이제 나에게 앞으로 남은 시간이 어떤 것인지 생각해보려 한다. 그 중 일부의 시간은 당연히 나의 소명이 실현화되는 과정으로 쓰일 것이다. 하지만 그러한 실현이 지금의 나에게 많은 의미를 부여하진 않는다. 책에서 묘사된 것과 동일한 완성과 성공에 반드시 도달할 것이라고 믿지도 않는다. 나는 지금 이 순간 자체로도 흡족하게 미소 지을 수 있다. 왜냐고? 언젠가 해야 할 일. 이미 나는 그것을 절반쯤 달성했기에. 그 여정에 이미 들어갔기에. 어디에서… 이 책 속에서… 이 책이 남아 있는 그 순간까지는….

과거로부터 온 순간은 여전히 내게 고정되어 있어, 내가 자신 속으로 깊이 내려가기만 하면 여전히 그 순간을 되찾고 다시 그 순간으로 돌아갈 수 있었기 때문이다.

『되찾은 시간』*

* 마르셀 프루스트, 『되찾은 시간 2』, 김희영 옮김, 민음사, 2022, p. 328.

프루스트
와
죽음

백로우

성균관대 한문학과를 졸업한 후 공무원으로 지내다가 프루스트를 원문으로 읽고 싶어 연세대 불어불문학과에 입학했다. 동 대학원에서 프루스트 독서법에 관한 석사 논문을 썼다.

죽어야 하는 남자

내가 프루스트를 처음 만난 건 부러뜨리기라도 한 듯 다리를 쓰지 않게 된 어느 겨울이었다. 언젠가부터 내 안에서 이물감을 주던 무언가, 비릿하고 뜨끈하고 물컹하고 때로 얼얼하게 질척대는 그 무언가를 이제는 뽑아버리든가 말려버리든가 해야겠다고 산으로 갔지만 주저흔만 남기고 집으로 기어든 이래, 휴학을 넘어 제적을 당하도록 방구석을 떠나지 않던 그 시절, 온순한 범생이던 것이 집안의 흉물로 떨어져 바닥을 쓸고 다녔으니 식구들 입장에서는 변신이 따로 없었으리라. 게다가 그 흉물은 잠자코 있기는커녕 터진 입으로 날선 말을 뱉어내 비폭력적인 상대에게서도 폭력을 끌어내는 재능을 계발하고 있었다.

그날도 폐기 직전의 죽어도 싼 벌레 역할을 열연하느라 귓방맹이가 떡이 된 채 어김없이 바닥을 쓸고 다니던 그것이, 아니 내가 당시 중학생이던 동생에게 말했다. 거실 책장에서 네 맘에 드는 제목으로 아무거나 하나 뽑아 오라고. 먼지 반, 종이 반 삼성판 세계문학전집 60권 중 동생이 가져온 게 『스완의 집 쪽으로』였다. '뿌루스트'. 이름만큼이나 어색한 꽃을 단 남자 사진을 지나 등장인물 소개를 열없이 따라가며 나는 여전히 방바닥에 늘어져 있었다, 세로쓰기 판본에 맞추느라 이따금 몸을 뒤집으며. 그러다 그 대목에서 벌떡 일어나 앉았다.

> 어떤 감미로운 기쁨이 나를 휩쓸었고, 고립시켰다, 그 원인에 대한 관념조차 없었다. 그 기쁨은 즉시 내게 인생의 부침을 무관한 것으로, 그 재난을 무해한 것으로, 그 짧음을 실체 없는 것으로 만들었다. 사랑이 작용하는 것과 동일한 방식으로, 나를 어떤 귀한 정수로 채움으로써. 아니 차라리 그 정수는 내 속에 있는 것이 아니었다, 그것은 나였다. 나는 자신을 보잘것없고 우연적이며 죽어야 하는 존재라고 느끼지 않게 되었다. 어디서 이 강렬한 기쁨이 내게 올 수 있었을까?*

*　*Du côté de chez Swann*, Gallimard, Pléiade, 1987, p.44.

누런 종이 위의 글자, 어느 종이 위에 누군가 써 내려갔을 기호, 이 '강렬한 기쁨'이 무언가를 건드렸다. 나는 설레었다. 게다가 오독을 해버린 탓에, 즉 '죽어야 하는/죽기 마련인/필멸의(mortel) 존재'를 '죽어야 하는/죽어 마땅한/죽어도 싼 존재'로 읽어버린 탓에, 나는 정체불명의 '나'에게 동병상련의 정을 느끼고 있었다. 떡밥이든 아니든 이 '강렬한 기쁨'을 마다할 이유가 없었다. 그의 마들렌을 속속들이 파보려고 나는 이를 떼어주는 남자의 신상부터 파보기로 했다.

죽음과 사랑

후에 문학이론 수업에서 저자의 죽음, 작가/작중 화자/작중 인물 간의 구분에 관한 말들을 들었지만, 프루스트를 대할 때면 금세 나는 그 시절 식구들의 일기장을 훔쳐보던 미성년자로 돌아간다. 그리고는 그의 책을 공공연한, 그러니까 어느 정도 위장된 일기장이기라도 한 듯 탐독하며 그의 신상을 아니 심중을 파보고 싶어진다. 책 속에 그런 게 있기라도 한 듯 말이다. 그러니 오독에서 시작된 지극히 주관적인 독서, 어찌 보면 "모든 것이 허구일 뿐인" 책 속에 등장하는 그 강렬한 기쁨을 찾아 그의 미발표 초고까지 거론하는 이 또 다른 오독을 양해해주기 바란다.

하지만 나 역시 프루스트가 일생 한 작품밖에 쓸 수 없는 작가이며 기존의 발표작도 미발표작도 일종의 습작 내지 초고라는 통설에 동의한다. 미완의 액자소설 『장 상퇴유(*Jean Santeuil*)』(1895–99)에서 정체불명의 '나'가 "이 책은… 무엇도 덧붙이지 않고 수집된, 내 삶의 정수이다. 이 책은 지어낸 것이 아니라 수확된 것"이라고 밝히는 대목과, 이어지는 서문에서 액자 밖 화자가 "자신에게는 창의력이 없는 탓에 몸소 느낀 것에 대해서만 쓸 수 있다"라는 작중 작가 C의 고백을 전하는 한편, 장 상퇴유라는 가공인물에 관한 C의 이 소설이 "엄밀히 말해 진실된 이야기"라고 재차 강조하는 대목 등도 단순한 문학적 장치를 넘어 프루스트의 중심 주제(실제와 허구, 즉 삶과 문학 간의 관계)를 예고하고 있다고 여기기에, 이 방법적 오독이 애독에 이르는 계기가 될 수 있으리라 바래본다.

「콩브레」 서두에는 할머니가 '형벌' 내지 '박해'를 받는 장면과, 그 고통과 불의의 장면을 외면하려고 주인공이 울며 올라가는 붓꽃 (냄새 나는) 방이 나온다. "오랫동안 나의 은신처가 되어, 아마도 내가 걸쇠로 잠그는 것이 허용된 유일한 곳이었기에, 불가침의 고독을 요하는 모든 일들 즉 독서, 몽상, 눈물, 쾌락을 위해 사용되었"던 장소 말이다. 이어지는 '잠자리 비극' 장면은 그간 은밀히 행해지던 독서, 몽상, 눈물, 쾌락이 시연되고 공인받는 사춘기 선포식으로 여겨진다는 점에서(쾌락의 경우는 밤새 어머니가 읽어준 소설 속 주인공과 양어머니 마들렌과의 결혼을 통한 간접적인 방식으로 이루어짐), 이 꼭대기 붓꽃 방은 콩브레 무대의 '빛나는 벽면' 중에서도 주인공의 리비도적 불꽃이 분출하는 씨방 내지 꽃에 해당되는 곳이다.

그런데 미완의 소설적 평론집 『생트뵈브에 반대하여(*Contre Sainte-Beuve*)』(1908)에는 화자가 열두 살 무렵 붓꽃 방에서 외사랑의 필사적 탐험 끝에 강렬한 쾌락을 맛보고 제 생명력의 분출에서 위베르 로베르의 생클루 분수 그림, 현실에서라면 통상 옷이나 적실 그 분출물을 장밋빛, 주홍빛, 검정빛 작은 조가비들로 빚어낸 대가의 그림을 떠올리는 장면이 나온다. 이는 작은 조가비 모양의 프티트 마들렌과 강렬한 기쁨을 연상시킨다.

> 당시 내가 미지의 쾌락을 찾아서 내 속에서 하던 탐험은 그 이상의 흥분, 그 이상의 공포를 줄 수는 없었으리라, 혹여 내게 골수와 뇌수에 그대로 외과 수술을 시행한다 할지라도. 매 순간 나는 죽을 것만 같았다. 하지만 무슨 상관이랴! 쾌락에 의해 고

양된 내 상념은 그것이 창문으로 저 멀리까지 보이는 세계, 그 무한함과 영원함에 비하면 나는 일개 덧없는 조각일 뿐이라고 통상 서글프게 생각했던 그 세계보다 더 광대하고 더 강력하다고 느꼈다. 그 순간, 구름이 숲 위로 부풀어 오르는 저 멀리까지, 나는 내 정신이 아직도 좀 더 멀리 가고 있으며, 숲으로도 다 채워지지 않은 채 아직도 좀 더 여백을 남겨두고 있다고 느꼈다. 나는 내 눈동자 속 강력한 시선이 강의 양편에서 가슴처럼 솟아 있는 아름다운 봉긋한 언덕들을 실체 없는 단순한 반영들처럼 담고 있다고 느꼈다. 이 모든 것이 나에게 의지해 있었다, 나는 이 모든 것 이상이었다, 나는 죽을 수 없었다.*

첫 성애적 쾌락의 절정 속에 있는 이 '나'는 시공간의 일정 영역을 점하는 신체보다도 시공간을 뚫고 끝없이 뻗어가는 의식, 시선에 동일시되어 있다. 따라서 신체는 물론이고 세계조차도 이 의식이 투사하는 표상일 뿐이라고 느껴지기에, '나'는 표상의 형식인 시간과 공간마저 벗어난 자리에서 대상 세계의 모든 것을 담아내고도 남을 무한 확장 중인 거울, 눈알로 자처하게 된다. 프루스트에게 작가의 재능이란

* *Contre Sainte-Beuve*, Gallimard, Pléiade, 1954, pp. 69–70.

이러한 거울에 반영된 표상들 각각의 교환 가치에 있는 것이 아니라, 반영 능력 자체, 명징한 거울 되기(devenir miroir) 능력 자체에 있는 만큼, 이 절정 체험에서 기존의 자기를 벗어나 새롭게 열리는 관점과 이에 수반되는 강렬한 쾌감은 그에게 문학적 영감의 시금석으로 작용하는 예의 강렬한 기쁨을 연상시킨다.

아닌 게 아니라 그에게 영감이란 재능뿐 아니라 사랑과 죽음에서도 오는 것이며, 작가뿐 아니라 연인과 임종자도 이처럼 통상적 자기를 벗어나는 자기 밖 모험, 표층적 자리를 돌파하는 자기 속 탐험을 수행 중인 셈이다. 물론 영감에는 높이의 차이가 있으며 더 높은 영감, 더 비물질적인 쾌락을 찾아가는 것이 주인공의 여정일 것이다. 하지만 애초에 물질적인 쾌락에서 출발하지 않은 쾌락이 있겠는가. 이 '비속한 용도로 마련된' 꼭대기 붓꽃 방의 쾌락은 그 자체로 '더 이상 죽어야 하는 존재라고 느끼지 않게 되는' 초시간적 기쁨을 주기도 하지만, 비의도적 기억 현상과 그에 따른 초시간적 기쁨을 촉발하는 원체험으로도 작용한다.

샹젤리제 공원에서 질베르트와 놀던 시절 주인공은 역시 '비속한 용도로 마련된' 건물 입구에서 축축하고 메케한 벽 냄새를 맡으며 영속할 만한 진리로 가득한 감미로운 기쁨을 맛본다. 나중에 그는 이 케케묵은 발산물이 콩브레의 종조부 방 냄새임을 환기하게 되지만 이 냄새가 어째서 행복감을 주는지는 알지 못한다. 그런데 콩브레의 꼭대기 붓꽃 방과 아래층 종조부 방은, 『장 상퇴유』에서 꼭대기 종조부 방에 붓꽃 방이 딸려 있었음을 참조한다면, 후에 서술 상의 편의를 위해 분리되었을 테지만 거의 동일한 이미지를 발산하는 방들이라 할 수 있다. 그 이미지의 한쪽 끝에 쾌락과 관련된 흥분이 있다면, 다른 쪽 끝에는 공포가 있으며, 그 강도는 마취도 없이 그대로 뇌 수술을 받을 때의 상상불가한 정도마저 넘어선다는 것이다.

「콩브레」 서두에서 제시되는 원초적인 공포, 즉 종조부에게 곱슬머리가 잡아당겨질 때의 공포는, 『장 상퇴유』에서 종조부에게 간지럼을 당할 때의 공포를 참조한다면, 어린 장에게는 그것이 죽기보다 끔찍한 외설스러운 고문을 받는 것으로 여겨진다는 점에서, 이것이 '나'에게도 어딘가 외설과 잔혹이 뒤섞인 공포를 환기한다고 할 수 있다. 한편 「콩브레」 서두에서 종조모(『게르망트 쪽』에서는 종조부)에게 괴롭힘을 당하는 할머니를 바라볼 때의 공포는, 쾌락적 잔혹 행위(voluptueuse cruauté)가 행해진다는 생각만으로도 주인공을 극심한 고통으로 내몰아 붓꽃 방으로 달아나게 한다는 점에서,

이 또한 그에게서 쾌락과 잔혹이 연관된 공포를 환기한다고 할 수 있다. 게다가 앞서 인용한 붓꽃 방 장면에서 화자는 절정 이후의 자연스런 흔적이 악의 나무에 남겨진 금단의 열매처럼 보였으며, "제 신성한 속성에 문란한 형태를 부여하는 이들처럼" 그도 제 생명력의 분출을 악마적인 것으로 여겨, 이를 완전히 전도된 방식으로, 전혀 자연스럽지 않은 방식으로 추구했노라고 덧붙이는데, 이는 그에게서 쾌락과 악덕의 연관 관계를, 이른바 상퇴유(Santeuil) 아니 뱅퇴유(Vinteuil) 양의 사디즘(sadisme)을 예고하는 듯하다.

죽음과 진실

인정. 이 남자… 제 입으로 죽어도 싼 놈이라더니 엄살 아닌 거 맞네. 당시 나는 『스완의 집 쪽으로』 끝에서 서울 언니에게 SOS를 쳤고 언니는 정음사판 김창석 번역본 총 일곱 권과 회색 벽돌만 한 영역본 세 묶음까지 구해 방구석으로 보내주었다. 달리 할 일이 없던 나는 온종일 그 남자와 함께 지냈다. 나에게 그는 대략 주인공 '마르셀'과 저자 프루스트를 오가는 남자였는데, 전자는 내가 책의 본문을 통해 알게 된 인물로, "이 책의 저자와 동일한 이름을 부여한다면" 마르셀이라 불릴 수도 있으리라는 단서를 달고 있는 익명의 남자였고, 후자는 내가 책의 표지와 부록을 통해 알게 된 남자였다.(편의상 주인공은 마르셀로, 저자는 프루스트로 칭하겠다)

사십 대의 프루스트는 분명 이십 대 시절의 그와는 다르다. "자신에게는 창의력이 없"노라며 미안해하기는커녕, 그것이 미안해할 사항이라는 믿음 자체를 문제시하려는 듯, 실제와 허구의 개념 자체를 재규정하려는 듯, 그는 마르셀이라는 동일한 이름을 매개로 실제와 허구의 경계를 흔들고 있다. 독자에게는 이 공통 요소를 매개로 실제 저자와 허구 인물 간의 교란이 발생하는데, 이는 프루스트식 메타포와 무관하지 않다. 주지하다시피 비의도적 기억 현상은 어떤 공통 요소를 매개로 현재와 과거의 두 항 간에 연관이 발생하는 것으로, 그의 작품 속에서 중심 주제로 서술되는데, 이 역시 프루스트식 메타포와 무관하지 않다. 때로 이 현상은 작품을 구성하는 방식으로도 활용되며, 예컨대 「콩브레」 서두에서는 홍차에 적신 마들렌을 매개로 현재 서사 속에 과거 서사를 끌어들임으로써 서사를 재배치하고 있다. 이처럼 작품의 내용을 넘어 구성 형식에 관여하는 경우, 이는 비의도적 기억이라는 명목 아래 행해지는 프루스트식 메타포이기도 하다.

여기서 메타포(은유)는 비교되는 것, 비교하는 것, 비교를 낳는 공통점 등의 세 요소로 이루어진 수사법 일체를 말한다. 그 어원의 의미 그대로 프루스트식 메타포는 여기로부터 또 다른 여기로, 지금으로부터 또다른 지금으로 '이동'을 수행한다. 때로는 거듭. 대체 왜? 베르메르가 작은 벽면을 거듭 색칠하는 이유와 다르지 않다. 서사의 재조명, 재해석을 통해 진실에 좀 더 접근하기 위해서다. 때로 그의 메타포는 상이한 시공간을 점하는 인물들을 두 항으로 삼아 자기로부터 또 다른 자기로 이동하는데, 이는 마르셀의 표현을 빌리자면 회화에서의 메타모포즈(métamorphose 변형, 변신)와 흡사하다. 이러한 변신, 변장을 통해 그는 진실 찾기에 더욱 투신하게 된다. 앙드레 지드에게 말했듯이 "나라고 밝히지만 않는다면, 무엇이든 털어놓을 수 있"기 때문이다. 그 결과 독자 역시 서사를 다양한 지평에서 새롭게 바라보게 된다.

이를테면 자신의 욕망 충족을 이기적인 욕심으로 여겨 억압하는 뱅퇴유 씨, 그러한 부친과 너무 닮았기에 그와는 다른 사람이 되려고 거만스러울 정도로 거침없는 태도를 연기하는 뱅퇴유 양, 그의 헌신적인 애정에 대한 딸의 사후 모독 및 참회 등은, 타인에 대한 애정과 자신에 대한 냉소로 일관하는 할머니, 그러한 할머니와 너무 닮았기에 그녀와는 다른 사람이 되려고 굴욕 대신 결투를 불사하고 자존심 강한 태도를 연마하는 마르셀, 그녀의 헌신적인 애정에 대한 마르셀의 사후 모독(세 번의 노크 관련 대화 및 탈의를 도와주는 동작 등은 그와 알베르틴과의 동침 장면에서 일부 변형되어 등장하며 일종의 전희로 활용됨) 및 참회 등으로 변주된다. 이러한 공통 요소를 매개로 마르셀과 뱅퇴유 양 간에 발생한 연관 관계 앞에서 독자는 궁금해진다. 혹시 뱅퇴유 양과 여자친구의 모독 의식 장면을 엿보게 된 것이 뱅퇴유 씨였다면, 그리하여 단편 「어느 젊은 아가씨의 고백(La confession d'une jeune fille)」에서처럼, 그 충격 탓인지 뱅퇴유 씨가 졸도 후 사망에 이르고 그 순간 뱅퇴유 양도 부친의 얼굴 표정을 보게 되었다면, 어찌되었을까? 혹은 그러한 순간에 부친이 지었을 법한 얼굴 표정을 뱅퇴유 양이 부친 사후에 비몽사몽간에 마주하게 되었다면 어찌되었을까?

하지만 저자는 뱅퇴유 양의 참회와 관련하여 자세한 사정은 언급하지 않는다. 대신 뱅퇴유 양으로부터 마르셀로 이동하여 그에게 찾아온 회심의 순간을 들려준다. 관능의 여신이라는 퓌트뷔스 부인 시녀와의 밀회를 꿈꾸며 한달음에 도착한 발베크 호텔 방에서 마르셀이 마주한 건 제 피로한 몸 위로 기울어진 그 다정하고 근심 어린 낙심한 얼굴, 이미 일 년 전에 사망했다고 인지되는 할머니, 그러나 삼 년 전 발베크 첫 여행 당시 그대로 체험되는 할머니의 얼굴, 그 생생한 실재였노라고.

뱅퇴유 양과 여자친구가 참회 과정으로서 뱅퇴유 씨의 암호 같은 악보에 주목한다면, 마르셀은 할머니의 얼굴에 주목한다. 붓꽃 방 체험에서 예고된 사디즘적 요소와도 무관하지 않을 그의 무의식적 병증, 즉 자신의 애정을 상대에게 토로하고 호감을 얻으려는 움직임, 그리고 그러한 자신에 대한 수치심과 상대의 호감에 대한 의구심으로 인해 지금껏 토로한 애정을 부정하고 상대를 제압하려는 움직임, 공감과 반감의 두 움직임을 오가는 이 간헐적 신경증은 그의 주요 애정 대상인 어머니, 할머니, 알베르틴 등에게 어딘가 비슷한 표정을 짓게 하는데, 바로 다정하고 근심 어린 낙심한 얼굴이다. 반감의 움직임 속에서 그들을 한껏 공격하다가도 그는 회한에 사로잡혀 공감의 움직임으로 급선회하는데, 이러한 급변을 부르는 것이 바로 그들의 제압된 표정, 슬픔과 애정이 뒤섞인 얼굴이다. 책의 기점인 잠자리 비극의 날은 그에게 그들로부터 첫 양보를 받아낸 날이자 그로 인해 어머니의 늙음과 할머니의 죽음이 시작된 듯한 날이기도 하다. '로병사'의 기록이라 할 만한 이 책 속에서 예의 얼굴 표정은 다양하게 변주되는데, 발베크 첫 여행에서는 특히 콩브레 당시 알코올과 관련하여 할머니를 괴롭히던 식구들 대신 마르셀 자신이 가해자가 되어 알코올을 과음하고 여행을 중단하겠다며 괴롭힌 탓에 절망한 할머니의 얼굴과 그럼에도 애정을 재확인해주는 그 다정하고 근심 어린 낙심한 얼굴은 그에게 엄청난 자책을 불러일으킨다.

그런데 발베크 두 번째 여행에서는 이 얼굴이 비의도적 추억 속에서 생생하게 되살아나지만, 즉시 이미 일 년 전에 할머니가 사망했다는 인지 속에서 이 가련한 자애의 얼굴은 철저하게 파괴되고 만다. 할머니에게서 수십 년에 걸쳐 더디게 일어난 탓에 통상 그에게는, 어쩌면 할머니 자신에게도, 절감되지 않았던 늙음과 죽음이라는 시간의 파괴 작용을 그는 그 순간 직관해버린 것이다. 심신을, 그러니까 심정과 심장을 뒤흔드는 벼락 같은 그 체험은 「Les intermittences du cœur」라는 소제목 아래 제4권 『소돔과 고모라』에 들어 있다. 애초에 작품 전체 제목으로 거론되었던 이 소제목은 심정의 간헐적 출현 양상들이라는 뜻과 함께 심장의 터질 듯한, 멎을 듯한, 불규칙한 박동을 가리키는 부정맥의 뜻도 갖고 있다.

심장의 이러한 박동이 느껴지는 듯한 해당 대목에서는 할머니의 존재와 사랑이 생생히 존속한다는 감격과, 영영 소멸했다는 격통이 서로를 끌어내리고 서로를 타고 오르며, 신경을 긁는 절규처럼 그에게 휘몰아친다. 자신의 전 존재의 전복, 이른바 강제적인 탈자기화 과정 속에서 그는 예감한다, "만약 언젠가 약간의 진실을 끌어낼 수 있다면, 그건 오직 이것으로부터, 즉 이토록 독특하고, 이토록 자발적이고, 내 지성에 의해 그려지지도 내 소심함에 의해 굴절되거나 완화되지도 않았으며, 다만 죽음 자체가, 죽음의 돌연한 계시가, 벼락처럼, 내 속에다, 어떤 초자연적이고 비인간적인 그래픽에 따라, 이중적이고 불가해한 고랑을 파놓은, 이 인상으로부터일 것임을."

실제로 프루스트는 1908년에 카부르(발베크의 모델)의 호텔 방에서 어머니를, 삼 년 전 이미 사망한 모친을 되찾았다고 수첩에 적었는데 그 수첩은 후에 책의 초고로 변해 간다. 그보다 몇 개월 전에 그는 일간지에다 모친을 살해한, 그러나 효성스러운 한 남자에 관한 글을 기고했는데, 그와 친분이 깊지는 않은 듯한 이 존속 살해범에 대해 그는 오이디푸스, 아이아스(아테네 여신의 저주로 양떼를 그리스 장수들로 오인하여 밤새 도륙하지만 후에 수치심으로 자결함) 등을 거론하며 가장 불가피한 운명, 이른바 신경증과 관련한 병리적 운명이 이들을 범죄로 몰아넣었다고 적었다. 가학적 충동으로 미망에

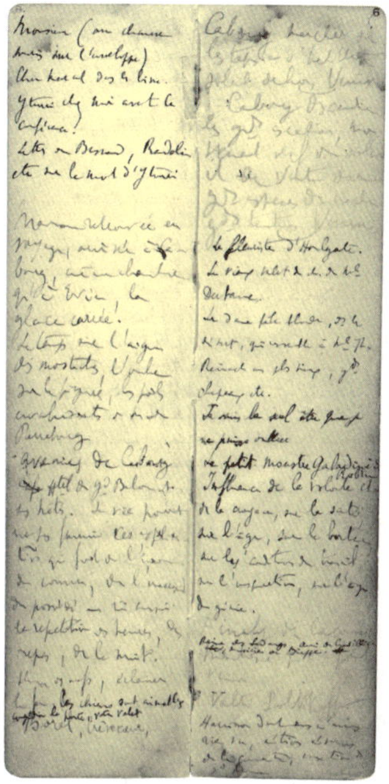

1908년 새해 선물로 받은 수첩 표지(좌)와 속지(우).
다섯째 장 뒷면 둘째 단락에 그는 적었다. "Maman retrouvée en voyage, arrivée à Cabourg, même chambre qu'à Évian, la glace carrée!
(여행 중 되찾은 엄마, 카부르에 도착, 에비앙에서와 같은 방, 사각 거울!)"
에비앙은 1905년에 프루스트가 모친과 함께 여행 간 요양지이며,
거기서 병세가 악화된 모친은 파리로 이송되어 얼마 후 사망했다.
(프랑스 국립도서관 사이트 https://gallica.bnf.fr/ark:/12148/btv1b6000655q)

빠져 범죄한 이들을 속죄로 이끄는 건 뒤늦은 명철의 순간에 그들이 마주한 진실이다. 모친의 자애로운 가련한 얼굴에서 시간의 파괴 작용을 목도한 존속 살해범은 총구에 몸을 던질 수밖에 없다는 것이다.

예의 단편 속 젊은 아가씨 역시 성애적 충동에 사로잡혀 모친을 죽음에 이르게 했다고 자책하며 권총 자살을 시도하는데, 몸에 총알이 박힌 채 남은 일주일 동안 그녀가 할 일은 이 모든 사태를 기점부터 종말까지 명철하게 보는 것이다. 마르셀은 어떨까? 꿈속에서 '아이아스'로 불리고 이를 증상 악화로 이어질 '추위에 유의하라'는 뜻으로 알아듣는 그 역시 간헐적 신경증자로서, 성적 가학적 충동에 내몰려 (조)모친을 흠 없는 콩브레 종족으로 존경하면서도 바로 그러한 이유로, 마치 미덕의 향기를 풍기던 콩브레 방들의 가구를 매춘업소에 넘겨준 것처럼, 그들에게 양가적 태도를 취했다. 또한 자신이 할머니를 죽게 했다고 자책하며 책이 완성되면 모두에게 버림받은 채 고통 속에 죽어가길 바란다고 했다. 그럼 그도 형이 최종 집행되기까지 그 젊은 아가씨처럼 이 모든 사태를 기점부터, 그러니까 부친의 다소 경솔한 관용으로 인해 오히려 그의 병증이 심화되고 (조)모친의 늙음과 죽음이 촉발된 듯한 그 순간부터 종말까지 똑똑히 보려 하는 걸까? 그에게 책이란 좀 더 환하게 보려고 어둠 속에 틀어박힌 채 이어가는 고백인 걸까? 그의 행보를 따라가보자.

죽음과 삶

기점에 해당하는 잠자리 비극 장면의 원인들 중 하나는 마르셀의 죽음에 대한 공포이다. 향일성 식물처럼 그는 낮 동안 에너지를 한껏 발산하다가도 날이 저물어가는 일정한 시간이 되면 침울한 인간으로 급변하여 그에게는 무덤에 드는 것 같은 취침 시간을 두려워하며 어머니의 존재만 바라본다. 죽음의 여정을 견디게 해줄 양식, 임종의 성체 비아티쿰(viaticum)을 어머니의 볼에서, 할머니의 이마에서, 알베르틴의 혀에서 구하지만, 과정이 순조롭지만은 않아 고통을 덜려는 노력이 고통을 더하기도 한다. 낮밤의 변화뿐 아니라 여느 사소한 변화들도 때로 그에게서 단말마의 비명을 끌어내는데, 이때 비명을 질러대는 건 개체인 그를 이루는 그의 미세 자아들, 자신들이 애착하던 대상의 상실을 자신들의 죽음으로 받아들이고 이에 저항하는 미세 자아들이므로, 개체의 불멸에 관한 논의들은 이러한 저항을 늦추는 데 별 도움이 되지 않는다.

때로 그는 고통을 덜어줄 기쁨을 발견하지만, 예컨대 붓꽃 방의 쾌락은 그에게서 악덕과 연관 지어짐으로써 이후로는 그 쾌락을 얻기 위해 악덕을 경유하지 않을 수 없게 되었고, 샹젤리제에서의 기쁨은 비의도적 기억에 의한 것이지만 너무 이른 시기였던 탓인지 그는 화장실 벽 곰팡이 냄새에 지복을 맛보는 자신을 한심해한다. 두 경험이 제대로 해명되지 못했다면, 발베크에서의 체험은 어떨까. 아직은 책의 중반부인지라 갈 길이 멀긴 하지만, 이 체험이 비의도적 기억에 의한 것이며 할머니를 사랑한 과거 자아의 귀환으로 인해 현재 자아가 자리에서 밀려나게 되었다는 것, 그러니까 한 순간 마르셀이 현재라는 시간 밖으로, 현재 자아 밖으로 나갈 수 있었다는 것은 읽을 수 있다.

예의 그 기쁨들은 화자의 표현을 빌리자면 초시간적 존재가 눈을 떴다는 신호이다. 한동안 자신과 동일시되어 있던 관점, 벗어날 수 없다고 여겨질 정도로 자신을 내리누르던 기존의 관점이 눈 더께처럼 떨어져 나가고 새로운 관점이 열리는 순간, 어느 때보다도 민감하고 유연해진 마르셀에게 밀려든 것이 바로 죽음의 인상이다. 생생하게 되살아난 즉시 영영 상실된 할머니, 철저하게 소멸된 즉시 정말 부활한 할머니. 사랑하는 이의 죽음이라는 비극적인 사건 앞에서 그는 아주 낙관적인 해석을 떠올린 듯하다. 그가 발베크 첫 여행 때 생루와 함께 읽었던 철학책에 따르면, 우주에는 공백이란 없으며 존재만이 충만하기에, 존재하나 의식되지 않는 것(이른바 죽음)과 존재하고 의식되는 것(이른바 삶)이 아무런 단절이나 공백 없이 다만 의식되는 정도에 따른 무한히 많은 중간항으로 연속되어 있다는 것이다.

이러한 삶과 죽음, 존속과 소멸의 종합이 반영된 꿈속에서 그에게 할머니는 아직 존재하고 있으며, 다만 줄어든 생명력으로 몹시 소진된 채 존재하고 있다. 역전 대로의 보리수꽃이 약봉지 속에서 줄어든 생명력으로 반쯤 소진된 채 잠들어 있는 것처럼 말이다. 하늘과 땅의 경계를 제거하는 메타포를 통해 엘스티르가 하늘과 땅이라는 명칭에 딸린 지성의 개념이 제거된 인상을 그린 것처럼, 프루스트는 삶과 죽음의 경계를 지우는 메타포를 통해 지성의 개입 이전에 포착된 진실한 인상, 존속과 소멸이라는 이중의 인상을 표현하고자 한다. 그리하여 마르셀이 할머니를 찾으러 건너가는 건 이승과 저승을 가르는 강 스틱스(Styx)가 아니라 망각의 강 레테(Léthé)이며, 그가 가는 곳은 지옥이 아니라 제 몸속 내장의 기관 심부이다. 이를 통해 죽음과 삶의 문제, 죄와 속죄의 문제는 망각과 기억의 문제로 변환되며, 그가 할 일은 죽어 있는 할머니, 존재하지만 그에게는 의식되지 않는 할머니, 배은망덕하게도 그가 무의식 속에 방치해버린 할머니를 다시 생생하게 의식되게끔 하는 것이다.

이러한 메타포가 꿈의 경계를 넘어 현실의 발베크 호텔 방에도 잔상을 남겼는지, 깨어난 그의 침대 옆 격벽에서는 삼 년 전 할머니가 하던 세 번의 노크가 여전히 생생하게 파동하고 있다. 이것이 다만 애도 중인 마르셀의 망상일 뿐일까. 오래전 그 '동산지기'의 부활 소식을 전하는 마들렌(막달레나의 프랑스식 명칭)에게 일부 제자들이 보인 반응처럼, 신경증 병력이 있는 자의 망상일 뿐일까. 하지만 수억만 광년 전 어느 별이 발산하던 빛도 여전히 우리의 각막에서 파동하고 있지 않은가. 과거로부터 오는 그 빛도 이따금 그의 할머니처럼 심정과 심장을 뒤흔들 정도로 생생하게 의식되지 않는가. 때로는 자정의 어둠 속에서, 때로는 "모두에게 버림받아 마치 전쟁터에서 무신론자가 기독교인이 되듯 우리가 스스로 신앙을 창조하는" 이중의 어둠 속에서 말이다. 그러한 이중의 어둠 속에서 카부르의 한 신경증자가 순간의 '망상'을 끌어내어 3000쪽 남짓한 시간의 계시록으로 길이 고정해 놓은 것처럼, 아니 텍스트로 돌아와, 회한의 어둠 속에서 뱅퇴유 양의 여자친구가 뱅퇴유 씨의 매몰된 기록을 악보로 되살려 놓은 것처럼, '존재하나 의식되지 않는 것'

을 '존재하고 의식되는 것'으로 옮겨 놓는 일, 잠재적인 것을 현재로 불러내어 번역하는 일, 이를 마르셀의 소명이라 친다면 그가 좀 더 살아도 되지 않을까. 게다가 이는 애도의 과정이 아닌가.

독자인 내게는 그가 속죄라는 명목으로 죽음의 안식에 곧장 들기보다는 소돔과 고모라를 가로지르는 이 여정을 이어가는 편이 반갑다. 죄와 속죄의 종합을 보여줄 이후의 여정은 프루스트가 이십 대 시절의 단편 「어느 젊은 아가씨의 고백」에서 던진 물음, 쾌락과 죄악의 문제와 속죄로서의 죽음에 관한 주제를 얼마나 심화시켰는지를 보여준다. 읽을수록 내게 그는 죽어도 싼 놈이 아니었다. 죽어도 싼 존재, 살아도 되는 존재, 살아야 하는 존재 등 존재의 변신을 보여주는 거울이었다. 블로크, 뱅퇴유, 스완, 샤를뤼스… 나대고 뒤집고 들볶고 처맞고… 탈각을 부르는 수행에 투신하는 숱한 마르셀과 석 달 열흘 뒹굴다 보니 나는 마르셀인지 프루스트인지 모를 물건으로 가슴이 뻐근해졌다. 마지막 장을 덮고 나자 주문 같은 한마디가 삐져나왔다.

"영영 죽은 걸까(Mort à jamais)?"

개체의 죽음과 불멸에 관한 문제는 우리의 논의를 넘어선다. 그러한 불멸이 개체에게 바람직한 것인가 하는 문제 역시 그러하지만, 적어도 우리가 개체로서 겪는 고통이 대개는 마르셀의 경우처럼 우리의 미세 자아가 제 죽음에 대해 느끼는 공포와 저항에서 비롯되는 만큼, 미세 자아가 영영 죽는 건 아닐 수 있다는 소식, 그것이 보리수 찻잎처럼 향기롭게 되살아날 수도 있다는 소식은 분명 복된 소식이다. 할머니로 예시되는 그 어떤 대상을 지향하던 과거의 미세 자아가 그 대상을 통해 뽑아냈던 비아티쿰과 함께 부활하는 일이 가능하다면, 영영 잃어버린 줄로만 알았던 그 성체가 이제는 오히려 대상 의존적이기보다는 자체 발생적인, 그야말로 자발적이고 비의도적인 예의 그 활발발한 기쁨으로 재생된다면, 제아무리 회의적인 정신이라도 이에 관해 전하고 싶었으리라.

다정다감한 만큼이나 냉정신랄한 이 남자가 느낌표 대신 물음표를 달아 들려주는 이 소식에 나도 이곳에서 이물감을 좀 더 겪어 보기로 했다. 달리 갈 데도 없지 않은가. 경계를 지우는 메타포에 어쩌면 눈 비늘이 벗어질 수도 있지 않은가. 빈손이 이미 현관문을 열고 있었다. "어느 봄날이었다."

죽지 않은 남자

지난해 여름 착상되었을 이 기획 덕분에 오독 하나가 추가될 수 있었다. 애독으로 덧칠되어 좀 더 투명한 독해로 되어가길 바라는 이 방법적 오독에서 우리는 얼핏 들었다. '어느 점잖은(젊지 않은) 남자의 고백'에 관해. 그는 작업 중이다. 당장이라도 총구에 몸을 던지고 싶지만, 곧장 안식에 드는 대신 자신에게 합당한 종말을 맞으려고 그는 책을 쓰려 한다. 완성되면 자신을 모두에게 버림받아 고통 속에 죽게 만들 책. 어느 신경증자의 고백록. 이 작업은 암호 같은 자신의 영혼을 해독하는 것이며, 기점의 날 이후 (조)모친의 얼굴에 보이지 않는 손으로 주름살을 그어버린 자신의 미세 자아들을 발굴하여 번역하는 것이다. 그는 무덤 같은 침상에 들어가 숱한 마르셀로 변신하여 백지 위의 햇살 아래, 빗살 아래 스스로를 거듭 던진다. 속속들이 무르익도록, 벗겨지도록. 후에 침상에서 나오는 그는 이전과 같을 수 없다.

그는 자신이 인물들이기보다는 그 인물들을 비추는 빈 거울이라고, 환상들이기보다는 그 환상들을 투사하는 빈 기계(appareil vide)라고 느낀다. 시공을 뚫고 확장 중인 투명한 눈알 내지 시선이라는 명징한 자각. 이에 따르는 강렬한 기쁨. 이어 침상에 들지 말지는 자유다. 살지 말지는 더 이상

관건이 아니다. 이 물음 '살 것인가 죽을 것인가'는, 그렇다, 바로 죽음의 인상이 던져준 물음 '살아 있는 것인가 죽어 있는 것인가' 앞에서 성급한 물음 내지 잘못된 물음으로서 유보되거나 해소된다.

총구에 빈 기계를 던지는 대신, 그는 죽어 있는 동시에 살아 있는 것, 부재하는 동시에 실재하는 것에 관해 써 나간다. 지금은 죽었을 보리수 꽃잎이나 할머니 얼굴이 오래전 발산하던 향기나 생기, 지금은 해체되었을 어느 별 예컨대 베르메르 혹은 뱅퇴유 등등으로 불리는 그러한 별이 오래전 발산하던 빛깔 혹은 소리 등등에 관해. 이처럼 '상실된' 것이 그를 통해, 비의도적 재생 기계를 통해, 일종의 메타포 기계를 통해, 때로 가슴 벅찰 정도로 생생하게 '회복된' 것으로 변한다. 실낙원 창조의 시작이다. 앞서 자신이 투사된 무언가가 아니라 투사하고 있는 무언가라는 자각 속에서 인물과의 동일시에서 벗어난 그는 인물의 삶을 발굴하고 해명하는, 그리하여 진정으로 체험하는 자인 작자, 아니 작업 과정 자체가 되었다. 이를 통해 죽음의 인상은, 그 암호 같은 할머니 얼굴은 존속과 소멸, 있음과 없음이 종합된 시간의 계시록으로 번역될 것이다.

이처럼 환상들을 회피하고 억제하기보다 수용하고 변용

하는 비의도적 환멸 및 환생이 벌어지는, 무덤이자 산실인 그 침상, 책상, 잃어버린 기쁨을 찾아서 직조 중인 책-세상, 그곳을 나오는 우리 역시 들어간 우리와는 같을 수 없다. 신성의 부활을 알리는 마들렌이자 모성의 현존 자체인 마들렌, 이를 받아먹는 순간, 우리 역시 자신의 미세 자아들을 발굴하고 번역하게 될 테니까, 이들을 변용하여 떼어주게 될 테니까. 오래전 해체되었을 프루스트라는 별이 발산하던 그 과거로부터 오는 빛에 설레어 이따금 이렇게 중얼대며 말이다. 이 남자… 과연 "영영 죽은 걸까?"

프루스트의 도스토옙스키

최건영

바르샤바대 강사·조교수 시절 한국어 교과서와 한국 시 번역을 출판했고, 귀국 후 1995년부터 연세대 노어노문학과 교수로 재직 중. 저서·번역서로 『나보꼬프』, 『바르샤바』, 『예술과 책임』 등이 있으며, 현재 책임편집자로 〈미하일 바흐찐 전집〉 작업을 진행 중이다.

최후의 소설을 위한 형식 탐구는 소설가의 운명이다. 이야기 표현의 형식만이 아니라 '영혼의 형식'과 같은 3차원성의 구축만이 불멸을 보장하기에 결국 목숨을 건 투쟁이 될 수밖에 없다. 여전히 오만가지 독해를 기다리고 있는 프루스트의 소설에 대한 나의 관심은 20세기 소설 형식의 다양성 관찰에서 시작됐다. 구체적으로 좁혀 말하면 20세기 소설가들의 도스토옙스키 독해의 맥락이다. 창작 기법면의 영향을 받은 작가들도 많지만 앙드레 지드와 같이 아예 도스토옙스키론을 쓴 작가들도 여럿 있다.

프루스트는 비교적 늦은 나이에 도스토옙스키 독서를 시작했지만 도스토옙스키론을 쓰고 싶어 했다는 흔적이 남아 있다. 프루스트의 도스토옙스키론은 성사되지 못했지만 그의 장편소설이 최고의 도스토옙스키 해석이기도 하다는 확신에 이르기까지 오랜 시간이 필요했다. 생의 후반기에 뒤늦게 도스토옙스키 독서를 시작한 프루스트에 관한 전기적 사실을 아는 사람들은 이러한 나의 단언에 놀랄지도 모른다.

19세기 말 프랑스 외교관 보귀에가 '러시아 소설'을 누구보다 먼저 러시아 외부에 소개한 이후 각국 번역판으로 널리 유럽에 알려지게 되는 것은 20세기 초의 일이다. 하지만 그보다 한참 전 1860년대에 이미 러시아 내부에서는 소설에서 구현되는 '의식의 흐름'이나 '내적독백'이 문학용어로 등장한다. 비교문학이나 슬라브문학 전공자에게는 그러한 내막은 상식에 속하는 편이다. 프루스트와 조이스 등이 구현해 낸 20세기 초 소설 언어의 혁명으로 알고 있는 사람들은 도스토옙스키와 톨스토이의 새로운 산문에 대해 러시아 동시대 반응으로 나타난 이러한 비평적 시선이 낯선 내용일지도 모른다. 러시아 문학의 경우 비평가 체르니셉스키의 톨스토이 소설 분석을 필두로 도스토옙스키는 물론 20세기 나보코프나 파스테르낙 등의 소설에서도 내적독백의 여러 버전을 두루 관찰할 수 있다.

핵심은 이러한 발견을 서구에서는 반세기나 지나서야 프루스트 작품을 통해서 20세기 초에 비로소 알게 된다는 점이다. 프루스트의 도스토옙스키 독해에 나타나는 천재성에 관해서는 많은 설명이 필요하지만 이것이 우선 가장 이해하기 쉬운 예증이 될 것이라는 말이다. 흔히 조이스가 우연히 기차역 가판대에서 집어든 뒤자르댕의 소설이나 이후 버지니아 울프의 작품에서 그 기원을 찾거나, 선명한 예시를 고찰하기 일쑤인 의식의 흐름 기법(내적독백)이 프루스트의 도스토옙스키 독해와 무관하지 않다는 것이다. 물론 조이스의 도스토옙스키 독서나 울프의 프루스트 영향도 우리는 잘 알고 있다. 하지만 묘사의 대상이 되는 '의식의 흐름'과 그것을 위한 '내적독백'이라는 기법을 구분하거나 자유간접화법의 문제와 결부하여 논하는 문제 등 세부적인 논의로 들어가더라도 프루스트의 성취는 20세기 초 서구소설의 그 누구보다도 가장 선구적인 것이고, 가장 선명한 것이다. 말미에 서술하겠지만 프루스트가 조금만 더 장수했다면 사실상 동시대 거장들이라 불러 마땅한 나보코프, 바흐친, 파스테르낙, 곰브로비치, 토마스 만 등 쟁쟁한 인물들의 창작과 이들의 도스토옙스키 독해에 결정적인 영향을 주었다.

프루스트만큼 도스토옙스키의 소설 형식을 깊게 이해한 작가는 없으리라. 연구와 비평의 시점에서 단언하자면 도스토옙스키 이해를 위해 가장 크게 공헌한 창작자로 나는 프루스트를 꼽는다. 루카치와 바흐친을 필두로 하는 소설론의 철학적 탐구 과정에서도 도스토옙스키 해독이 핵심 과제였다. 루카치가 결국 완성하지 못한 도스토옙스키론. 폴리포니 소설론이라는 명성을 얻은 바흐친의 1929년 도스토옙스키론. 두 철학자가 갈구한 도스토옙스키론의 중차대한 의미는 그것이 인간 의식에 관한 가장 본질적인 언어학이면서 동시에 영혼의 형식을 향한 진지한 사유를 지향한다는 점에 있다. 성급하게 결론을 말하라고 한다면 나는 전자의 실패와 후자의 성공을 가른 것이 후자의 프루스트 독서였다고 확신한다. 진리의 대화적 성격(소크라테스의 산파술)이나 플라톤 대화편의 문학적 요소(코이레의 플라톤 입문서)는 물론, 소설의 연극적 기원이나 소설 언어의 3차원성 등 묵직한 화두가 프루스트 소설을 통해 고찰되는 바, 바흐친(폴리포니 소설론), 나보코프(언어 프리즘), 파스테르나크(환유적 산문) 등 수많은 천재들이 프루스트 독서를 통해 도스토옙스키를 이해하고 그 작가의 예술세계를 재발견하게 된다.

여기서 서둘러 예증을 위해 가령 러시아 철학자 미하일 바흐친의 프루스트 독해를 구체적으로 논하거나, 아니면 아예 프루스트의 도스토옙스키 독해에 관해 그의 독서 기록과 편지에 나타난 러시아 괴물 작가에 대한 반응 등을 인용해 직설적으로 논증하면서 근엄한 표정을 짓고 싶은 마음이 굴뚝같지만 이번에 나에게 주어진 기회는 그러한 허영과는 거리가 한참 먼 '나의 프루스트' 체험에 관한 것이다. 하지만 '나의 프루스트'라니. 내가 뭐라고. 꿈에도 생각해본 적이 없는 상황을 마주하고 있다. 점차로 방대하게 남북한에 풍부해질 프루스트 독자들을 상상하면서 미래의 내 계획으로 적어 둔 생계용 원고 계획들 중 최후의 한 권을 슬며시 이런 식으로 소개하게 되어 한 순간 흥분하기도 했다. 아주 잠시. 여러 가지 이유로 프루스트는 내게 유난히 특별한 작가이기에 개인사가 고구마 줄기를 타고 감자와 호박 밭으로 이어질 게 분명해서 지금은 그저 두렵고 피하고 싶다. 왜 이 기획에 참여한다고 한 것인지 후회막급이다. (지금이라도 멈추고 싶다) 슬라브권 문학(폴란드와 러시아)을 전공하는 내가 프루스트 폐인이 된 사연은 세 가지 정도를 들 수 있다.(외국문학 전공자로서의 우여곡절이 집약돼 있는 사안이기도 해서 자칫 잘못하면 감상적인 '너무 이른 자서전'이 될 것만 같아 사실 이 이야기를 피하고 싶었다) 우선 나의 세부전공 '소설론'에서 프루스트는 최상급의 철학자이다. 그는 무엇보다 하나의 의식을 전제로 한 변증법적 사고의 한계를 경험하게 하고, 내적 언어의 본질이 복수의 의식에 관한 것이어서 소설 속의 말로만(말에 대한 말과 의식에 대한 의식) 그것을 재현할 수 있다는 확신과 그 비평적 언어의 독특한 형식을 보여준 창작자이기 때문이다. 도스토엡스키 사후 그 누구도, 20세기 초 러시아 상징주의자들이나 종교철학자들, 그리고 그 유명한 형식주의자들도 프루스트(바흐친)가 읽어낸 도스토엡스키의 새로운 소설 언어와 형식적 발견을 충분히 알지 못했다는 지론을 뱉어낼 수밖에 없는데 무슨 방법으로 이 많은 이야기를 줄여 서술할 수 있겠는가.(역시 지금이라도 멈추고 싶다)

마침 도스토엡스키 중단편 전집의 해제를 집필 중인 번역자의 입장에서 프루스트의 도스토엡스키 '숭배'와 비범한 독해는 최상급의 창작론으로 보인다. 그의 라블레 정신 계승이라는 측면은 돈키호테 중심의 근대소설 기원론 비판이라는 맥락에서 새로운 조명이 필요하다고 나는 확신하며(권위 있는 라블레론 번역 및 강의자의 입장), 그가 보여준 소설 형식은 소설의 기원에 대한 고고학적 탐구의 최첨단 버전이면서 복수 의식들의 상호작용과 공존을 언어화 해내는 '영혼의 형식'을 찾아냈다는 의미에서 가장 위대한 20세기 소설가로 평가하고 싶다(20세기 소설 언어의 비평적 성격에 대한 연구자로서의 주장). 결국 나는 왜 이렇게 되고 말았는가 하고 스스로에게 묻고 싶어진다. 소설이 뭐라고.

물론 지금 거친 숨소리를 내며 거만하게 나열한 나의 괄호 속 입장들은 각각이 별도의 논증을 필요로 할 것이다. 프루스트 맹신자가 된 두 번째 사연은 잠시 후 밝혀지겠지만 나머지 하나는 아직도 거대한 시간 속으로 들어가지 못하고 '기억을 걷는 시간' 속에서 물 위의 형상으로 불규칙한 나선형을 그리며 모순적으로 맴돌고 있는 사연이라 이 글 끝에 가서야 겨우 조금 드러날 것이다. 세계문학의 망망대해에서 취사선택은 필요악이지만 결코 피해갈 수 없는 작품들이 너무도 많다. 강의 준비라는 지락의 독서 기회는 누구에게나 주어지는 것이 아니다. 나는 문제의 프루스트 그 장편을 그것도 거의 매번 각기 다른 번역판으로, 무려 다섯 학기나 강의하는 행복을 누렸다. 죽어도 여한이 없지만 아직 죽을 수는 없는 이유는 이 글 맨 끝에 나온다. 대략 십 년 전부터, 매학기 여러 작가를 읽던 패턴에서 벗어나 『돈키호테』나 『전쟁과 평화』와 같은 장편소설을 선택하기 시작했다. 본능적으로 차츰 호시탐탐 프루스트 강의의 기회를 노리고 있는 내 안의 욕망과 교감이 시작됐다. 이게 얼마나 야한 생각인지 알고 싶다면 곰브로비치의 『포르노그라피아』라는 소설을 권한다(번역판은 민음사에서 나와 있다).

프루스트는 국일미디어 판이 하나 둘 결번이 생기고 동서문화사 판만이 유일하게 겨우 유통되고 있었던 시절이었다. 이후 이형식 번역판과 김희영 번역판이 나오면서 나의 프루스트 강의는 본격 궤도에 오르고 소설 탐구의 목표와 내용이 질적으로 엄청나게 확장됐다. 들뢰즈를 포함한 수많은 직접 간접의 프루스트론은 물론, 이충민의 연구서, 그리고 초창기 베케트의 프루스트론까지 유예진의 번역으로 나오면서 나의 동네 카페 체류시간은 길어지고 대중교통 대신 택시를 선택하는 일이 많아졌다. 일어판 전집들이나 연구서는 이미 서너 상자가 됐고(최근의 버전은 충격적인 수준의 고농도 이와나미 문고판), 서고의 장서와 상자들에서 노어판과 폴란드어판도 끌려나와 장사진을 치면서 집에서는 배우자와의 영토분쟁이 잦아졌다.

문제는 영어판이었다. 나의 불어 독해가 느리고 답답한 터라(먼 옛날 불문과 여학생과의 연애가 불발된 탓인데 그대여 부디 이글을 우연히 읽게 되기를) 그 원서 기분을 대신하기에 만만한 것은 늘 영어판이다. 고맙게도 광화문 교보 양서코너에 가면 늘 서너 가지 프루스트 영어판들이 빼곡하게 진열돼 있다. 여기 남한에서는 영어판도 선택해서 읽을 수 있다는 거다. 펭귄 영어판 새 번역(리디아 데이비스!)은 펭귄 디럭스 미국판(종이 촉감!)으로 다시 나오기까지 무려 20년이 걸렸는데(미국식 영어로 전환하는 과정에서 이 정도 시간이 걸린 것일까 아니면 프루스트라서일까) 그것이 매번 신속하게 교보에 들어오는 것을 긴 세월 지켜보았다. 프랑스에서도 잘 안 하는 일곱 권 편성이라는 점도 나를 흥분시켰다. 한편 최근 '작품 속 작품'이라 할 이 장편 서두의 『스완의 사랑』 부분만을 떼어내 세련된 장정으로(세상 가벼운 종이 질!) 나온 푸슈킨 프레스(Pushkin Press)의 2022년 영어판은 두 가지 판본이 다 구비돼 있다. 어린 시절에 대한 회상 내용으로 전개된 이 작품의 주인공 '마음 속 창작 내용'을 따로 떼어내어 그것을 독립된 창작물로 대접하면서 단행본으로 내는 '상술'은 영어권에서는 오래된 것인데('프루스트 입문을 위한 최적의 텍스트'라는 광고 문구!) 그걸 한 곳에서 두 가지 판본으로 동시에 낸다는 것은 무슨 일일까. 게다가 그걸 또 다 비치해 놓고 판매하고 있는 교보문고의 열정은 어떻게 설명 가능한가.

교보 프루스트 코너는 이상하게도 책이 떨어지면 금방 다시 채워진다. 팔리면 다시 채워지는 속도를 측정하고자 퇴근길 자주 들르는 내가 어찌 폐인이 아닐 수 있나. 범인은 양서팀 김모 씨로 보인다. 최근 시작된 옥스포드 세계문학 문고판 프루스트 새 번역도 초음속 비행기로 실어 나른 게 아닌가 싶을 정도다. 온라인에는 출간 예정인데 교보문고에는 이미 진열돼 있다. 표지 감각하며 얇고 질긴 종이, 옥스판 세계문학 특유의 웅숭깊은 해설… 동시 출간의 경우 영국판을 먼저 구비해주는 광화문 교보 양서팀의 센스도 좋다. 난 이런 서점이 한없이 자랑스럽다. 광화문 종로에 그 많던 서점들은 다 누가 치운 것인가. 남영동 선린중학교와 보광동 오산학교 시절 얼마나 이 중심가를 드나들었던가. 종로서적에는 늘 나보코프와 싱어의 펭귄 영어판 페이퍼백이 즐비했다. 청계천 책방들과 세운상가 '빨간책' 판매 아주머니들과의 밀당 추억이여. 〈사운드 오브 뮤직〉과 〈닥터 지바고〉는 상영 족족 순회하면서 보았던 시절. 도시의 영혼은 서점과 씨네마테크다. 교보 외국서적 파트 양서팀에게 훈장을! 수도 서울에 씨네마테크를! (이 두 마디를 위해 사실 이 원고를 포기하지 않았다)

매번 새로운 번역본이 나오면 모든 것이 다시 시작된다. 외국문학 연구자로서, 비교문학도로서 나의 지난 30여년 강의 경력을 회고해 보면 늘 강의 내용을 정하는 과정에서 새로운 번역판이 최우선의 기준이었다. 국일미디어판이나 동서문화사판으로 프루스트를 강의하면서 새로운 번역판을 얼마나 오래 기다렸던가. 번역이 마음에 안 들어서가 아니다. 모든 수강생이 품절 걱정 없이 쉽게 구할 수 있는 번역판 출판을 기다린 것이다. 2020년 코로나 시기에 비대면으로 진행한 수업이 두 번째 프루스트 강의였고 그때에도 번역판은 막 나오고 있는 판본을 포함해서 세 가지 중 자유롭게 선택하게 했다. 그리고 얼마 후였을까 마침내 펭귄클래식 이형식 번역판이 완간되었다. 끝번호들(제6편과 제7편)이 안 나올까 싶어 얼마나 애가 탔던지.

그 해 겨울을 잊지 못한다. 준비 중이던 『돈키호테』는 취소되고 나의 교양과목 '세계문학'은 생애 세 번째 프루스트 강의가 됐다(2022년 1학기). 실러버스는 수정되고, 서고에 있던 프루스트 상자들이 열린다. 손에 착 감기는 느낌도 표지 분위기도 펭귄클래식 판본은 최고였다(지금도 자주 만진다). 이렇게 개성이 묻어나는 고급 각주를 촘촘하고 자유분방하게 첨가한 역자는 세상 어디에도 없을 것이다. 이 펭귄 한국어판은 원작의 최종 편집본과 동일하게 '일곱 권' 편성의 하드커버 버전이 도중에 무산된 것이 안타까웠지만(독자들은 이런 일에 민감하다) 그 학기는 그 부드러운 완간본 페이퍼백 프루스트를 만지는 것만으로도 충분했다. 미야자키 하야오 영화 OST가 흐르는 동네 커피점 구석에서 몇 시간이고 그 빨간 책들을 만지작거리던 시간들이 얼마나 행복했는지.

그렇게 꿈에 그리던 완간본을 사용한 수업은 실현됐지만 그 이후 출판사 사정인지 이형식 번역판이 슬슬 사라지고 앞번호가 하나 둘 구하기 어려워졌다. 일단 한 질 더 구입해 두고 그 아쉬움을 달래고자 이번에는 라블레 강의를 준비한다. 일단은 라블레 말고는 그 상실감을 달랠 길이 없어 보였다. 프루스트에서 도스토옙스키를 거쳐 세르반테스와 라블레에 이르는 역순의 기원 탐구라는 맥락, 그리고 소설론이라는 흐름에서는 단테나 셰익스피어가 아니라 라블레가 가장 위대한 기원이 된다는 맥락은 긴 설명이 필요하다. 소설에 진심인 사람은 알 것이다. 창작자라는 존재 자체의 심성에 대한 감동이라는 요인이 있다. 프루스트의 심성과 그 심연에서 만날 수 있는 인격은 '인문주의'와 '팡타그뤼엘리슴'의 철학자 라블레 말고는 없다. 소설이라는 최고의 사유와 철학으로 프랑스가 그나마 자랑할 수 있는 유일한 르네상스기 지성인이다. 나폴레옹 따위 한 트럭이 있어도 라블레라는 존재감에는 비할 수 없다. 펭귄에서 나온 최신판 라블레 페이퍼백을 팔락여 보시라. 고급 갱지의 종이 감촉만으로 영혼이 충만해진다. 스크리치의 해설은 덤이고, 콤팩트한 펭귄 페이퍼백이 그 방대한 양의 쪽수에도 손에 착 감기는 맛이 일품이다.

바로 그때 드디어 민음사의 프루스트 완간 소식이 날아들었다. 아니 퇴근길 홍익문고에서 알게 됐다. 페이퍼백이 아니라 살짝 아쉽기도 하고 기존 이형식 번역 펭귄판과의 이

별은 너무 슬프지만 대형 강의 진행을 위해서는 결번이 생기거나 재고 부족은 치명적이라 어쩔 수가 없다. 민음사 김희영 번역판으로 진행한 23년 1학기는 생애 네 번째 프루스트 강의였다. 빨간 맛 이형식 번역 페이퍼백의 감동만큼은 아니더라도 학생들이 같은 판본을 쥐고 있는 모습이 아름다웠다. 당시 두 해 연속 수업조교를 했던 비교문학 전공 대학원생은 그 후 멋진 소설론으로 박사학위를 취득하고 우수논문상을 수상했다. 지도교수 덕분이 아니라 수천 장의 주관식 퀴즈 채점에서 받은 에너지와 감동 탓이라고 생각했다.

두 해 연속 프루스트를 강의하면서 정말 이상하게도 다시 라블레가 절실해졌다. 반복해 읽고 지내던 라블레가 여기저기에서 울려 퍼졌다. 죄 없는 수강생들은 이상한 이름의 거인족 이야기를 겨자 먹듯이 버티어내야 했다(하지만 가르강튀아와 팡타그뤼엘 이야기에 열광하면서 신학에 맞장 뜨는 인간학의 탄생을 강의할 때 수강생들은 얼마나 초롱초롱 들어주었던가). 프루스트 독서가 반복되면서 소설을 보는 시야도 확장된 것이다. 라블레가 다시 크게 확대돼 보이기 시작한다. 대학원과 학부에서 라블레 작품이나 라블레론(바흐친이나 스크리치 등)을 대충 일곱 번 정도 강의했다. 인문주의와 인문학의 출발점이 된 그 사상사적 존재감도 지대하지만 그 산문정신에서도 프랑수아 라블레는 가장 위대한 소설가라고 생각한다.

그나마 유지되던 라블레 한길사판의 품절 임박 느낌에 나는 초조해졌다. 일부 온라인 서점에 품절이 뜨기도 해서 잔여 부수가 많지 않음을 감지하고 바로 24년 1학기에는 라블레를 선택했다. 책을 구한 사람들만이 수강신청을 할 수 있는 아슬아슬한 상황이었지만 그저 내 욕심으로 감행했다. 수강생 규모는 작아지지 않았고 한길사판 라블레는 그 학기가 끝날 무렵 한 질 더 사려고 보니 이미 일부 품절이었다. 한길사판이 절판되면 이제 라블레 강의는 언제가 될지 기약이 없었기 때문에 무리를 해서라도 개설했던 것이다. 중세·르네상스라는 시대와 소설의 문제를 설명하는 대학원 수준의 강의에도 학부생들은 열광했다. 라블레가 어떻게 세르반테스의 탄생을 촉진했는지, 영국은 당시 왜 이러한 체급의 소설가를 갖지 못했는지, 그리고 셰익스피어의 극에서 벌어지는 간접화법과 극중극의 문제에 대한 강의가 진행된다. 신나는 강의였다.

그리고 지난 25년 1학기. 전체 번역이 아니어서 아쉬웠던 로베르트 무질의 대표작 완간본들의 갑작스러운 출현에 많이 당황했다. 마침내 완간된 『특성 없는 남자』를 무시하는 것은 큰 고통이었다. 쿤데라만으로는 부족하다. 중부유럽의 다양성과 애환 그리고 합스부르크에 대한 사유 없는 유럽 문학 소설론은 미완성이다(토카르추크나 라슬로를 읽고 싶은 분들은 가령 『굿바이, 동유럽』이라는 책의 6장과 7장만이라도 거들떠보라). 하지만 동시에 민음사판 프루스트가 혹시 하나둘 품절이 되지나 않을까 하는 두려움이 엄습해 왔다. 이형식 번역판의 퇴장이 너무도 빨랐기에 트라우마가 생긴 것이다. 고심 끝에 무질의 『특성 없는 남자』는 가을 학기에 개설하는 '중부유럽' 수업으로 미루고 나의 세계문학 수업은 이렇게 다섯 번째 프루스트를 맞이한다. 교양과목을 매년 두 개나 개설하는 이유는 세상에 놀라운 벽돌 소설이 너무 많기 때문이다. 오스트리아부터 저 아래 발칸반도까지를 '중부유럽'으로 묶어 아예 딴 살림을 차려 둔 것이다. 프루스트 강의를 위해다 계획이 있었던 것이다. 세계문학 단골 도스토옙스키나 톨스토이는 이제 노문과 전공과목으로 개설해서 전교생에 개방하고 있으니, 프루스트 편향 논란도 피하고(사실 내가 다른 소설들에게 미안할 뿐이지 아무도 내가 뭘 하든 관심 없다) 이제 이렇게 삼각편대를 거느린 자의 소설리스트(list)는 이보다 더 완벽할 수는 없다 하겠다. 소설리스트든 쏘셜리스트든 행복이 최우선이다. 소설은 모든 것이다.

세 번 정도가 목표였는데 무려 다섯 번이라니. 프루스트 소설에 감상적인(진심인) 나의 꿈은 이렇게 실현되었다. 나의 이 시그니처 과목명은 정확히는 '세계문학 감상여행'이다. '센치한' 과목명이다. 학생들은 '세문감'으로 줄이지만 난 '세감행'이라고 부른다(프루스트의 그 작품명은 '일일찻집'으로 줄여 말하지만 그 이유를 설명할 시간이 없다). 스턴의 『감상적인 여행』에서 따온 것이다. 이런 감상적인 여행의 기원은 먼 옛날 강의 경력 초창기였던 바르샤바에서의 나의 화양연화 시절(1992-1995)에 대한 회고에서 시작된다. 대표작 『인형』을 쓴 폴란드 소설가 볼레스와프 프루스와 프루스트라는 비슷한 이름에 대한 추억. 1995년 귀국해서 현재의 직장 강단에 선 후, 운 좋게 마흔이 되기도 전에 덜컥 정년 계약을 한 후로는 바로 나의 감상여행을 결심했다. 그 무렵 전후의 2002년 월드컵보다도 내 개인사에서는 프루스트와의 뜨거운 연애가 시작된 것이 최고의 추억이다. 관혼상제 다 버리고 퇴임 때까지는 소설만 읽기로(나에게 돌을 던져라). 예외는 축구를 좀 요란하게 하는 취미가 있고, 남몰래 수업 외 다른 작업을 하나 오랜 시간 진행하고 있다. 20권 규모의 바흐친 전집이다(책임편집자로서 밝히자면 우리 연구회의 표기는 '바흐찐'이고, 가령 표기법은 창비판 표기법에 찬성하는 나의 입장이 따로 있지만 이 글에서는 참기로 한다).

이 바흐친 전집 작업에는 나름 사연이 있다. 그것은 무엇보다도 바흐친이라는 철학자가 프루스트의 찐팬이라는 확신에 기인한다. 바흐친은 프루스트를 원서로 읽었다. 그의 프루스트 독서는 루카치가 미완으로 남겨둔 도스토옙스키 작품 해독과 자신의 폴리포니 소설론을 집필하는 과정에서 적지 않은 영향을 주었다. 프루스트 찐팬 원조는 나보코프가 아니라 바로 바흐친이다. 프루스트 학계에서는 러시아와 프랑스 학자들을 중심으로 〈프루스트와 바흐친〉이라는 특별 논문집을 내기도 했다. 그 논문집에 참여한 바흐친 저작권 집행자 세르게이 보차로프(러시아 인문학자)는 프루스트 연구자이기도 하다. 고인이 오래전 한국어판 바흐친 전집 저작권자로 나를 지명한 인연은 이렇게 운명이 됐다. 한국어판 저작권자로서 나는 다른 번역판들의 출판은 물론 예외 없이 다 승인하고 있지만, 그와 별개로 내가 책임편집자로 바흐찐 전집을 진행하고 있다는 의미다. 전집 중 여러 권의 해제에 프루스트의 이름이 등장한다. 첫 두 권을 내고 출판사 사정으로 멈춘 이 전집은 곧 새롭게 출판 재개될 예정이다.

돌이켜보면 교양과목에서 이렇게 프루스트 강의의 꿈을 실현하기까지는 나름 준비기간이 있었다. 조르주 페렉의

『인생사용법』과 핀천(액센트가 뒤에 있어 사실은 핀촌!이 맞다)의 『중력의 무지개』로 시작한 나의 세계문학 강의는 한동안 돈키호테와 산초가 단골 주인공들이었다(기묘한 2인조에 관한 계보 설명을 필두로 하는 나의 『돈키호테』 강의를 지금까지 세 번 개설했다). 초창기에는 라블레, 나보코프, 일본문학(소세키, 아베 코보, 미시마, 오에, 하루키)을 읽기도 했다. '세계문학 감상여행'은 매년 한 번 개설하기에 『죄와 벌』, 『전쟁과 평화』, 『안나 카레니나』, 『카라마조프 형제들』 등은 전공과목으로 돌렸는데 생각해보면 이 작품들이 다 프루스트의 대표작에 비하면 그다지 긴 소설들이라 할 수 없다. 나폴레옹이 길고 긴 러시아 원정길에서 폭삭 망했다고 한다면, 대신 프루스트가 최장의 장편소설로 러시아 소설을 압도했다는 유치한 농담도 학부 수업에서는 자주 튀어나온다(사실은 당시 러시아군의 총사령관이었던 미하일 쿠투조프가 프랑스 소설을 읽으며 아무것도 안하면서 버틴 것이 승리의 요인이었지만). 소설 읽는 사람은 이길 수 없다. 곰브로비치, 슐츠, 무질, 로트, 파묵, 쿤데라 등은 매년 2학기 '중부유럽론'에서 읽는다(서유럽과 러시아 사이에 있는 대부분의 나라들은 '중부유럽'이기에 냉전시기 정치적 편견의 부산물인 '동유럽' 이라는 말은 폐기되어야 한다).

자 이제 강의 본론으로 들어가보자. 프루스트의 그 작품은 일곱 권 편성의 3000쪽의 분량이다. 학생들을 어떻게 유혹할 것인가. 물론 매번 나의 사욕을 채우기 위해 개설하는 것이기에 어찌 보면 수업을 빙자한 자기만족인데 그 만족도를 높이려면 일단 강의가 행복해야 한다. 이 작품을 읽지 않고 졸업하면 비행기에서 운명의 짝을 만날 가능성은 제로라는 식의 독설부터 시작해서, 노벨상 작가도 학창 시절 읽지 못한 걸 후회하게 되는 작품이라고 속삭이고(진짜 만나서 이야기를 나눈 적이 있는 노벨상 작가의 이름을 실명으로 들먹인다), 학부 시절이 지나면 평생 못 읽는다는 협박도 서슴지 않는다. 매주 두 번 퀴즈 보는 것만으로는 어림도 없다. 한 학기 15주 동안 이걸 다 읽히려면 아주 치밀한 전략만이 아니라 사기꾼의 잔재주도 필수불가결이다.

개강 첫 주, 이 작품이 3000쪽인 걸 안 믿었거나 실러버스의 경고문도 읽지 않고 들어온 몇몇 학생들은 사색이 된다. 지금 나가도 됩니다. 120명으로 시작해 수강변경 기간에 하나 둘 사라진다. 첫 번째 프루스트 강의 때로 기억하는데 학기 말 성적으로 판단했을 때 약 60명이 완독했으니 대성공이라고 스스로를 위로했다. 초창기의 조교들 중 노문과 대학원생 둘은 불순하게도 커플이 돼 장학금을 받고 스탠포

드 박사가 되어 돌아왔다. 앞에서 언급한 그 비교문학 대학원생 조교는 정말이지 엄청난 분량의 퀴즈를 읽어야 했다. 전임교원으로서 나의 박사학위 논문 지도는 두 명 다 대학원 비교문학 전공자들이었는데 공교롭게도 둘 다 학부에서는 불문학을 전공했고 프루스트에 관해서는 나보다 더 이른 나이에 탐독했던 사랑스러운 작자들이다. 현재 한 명은 나보코프 전문가이고 다른 한명은 스턴 애독자이다. 사족이지만 나의 주전공인 러시아문학에서는 박사 배출이 몇 명인지 아무도 물어오는 일이 없다.

개강 첫 주 제1권 서두 어딘가 『스완의 사랑』에서 학생들을 사로잡아야 한다. 개강일 설문조사를 해보면 학생들은 아직 일곱 권 중에 한 권만 산 사람이 태반이다(원작은 일곱 권 구성이지만 한국어판은 12~13권으로 나와 있는데 그중 첫 권만을 산 상태). 설마 이걸 다 읽히겠어. 상당수의 학생들은 간을 보고 있는 것이다. 수강변경 기간이 있기에 사실 120명이 다 잠재적인 수강 철회자들이다.

최고의 자서전이 최고의 소설이다. 소설 안에도 있고 밖에도 있는 창작자. 거울로도 셀카로도 볼 수 없는 진짜 자화상을 볼 수 있는 유일한 방법으로서의 작중인물 창조의 원리. 창작자가 소설을 쓰면서 스스로가 재탄생하는 원리 등

등. 다만 처음부터 이런 이야기를 들이대면 위험하다. 자신을 미래에나 나타날 위대한 소설의 작중인물로 여겼던 소크라테스. 그 작중인물의 말이 위대한 예술 형식을 만나면 영원한 시간 속에서 몇 번이고 다시 읽히게 되는 원리를 잘 몰랐던 플라톤의 대화편 운운. 역시 너무 어렵다. 겨우 3학점을 따려고 주인공 마르셀이 혼자 떠드는 3000쪽을 읽어야 한다는데 그런 어려운 말로는 어림도 없다. 우선 이 마르셀의 모든 이야기가 왜 바로 수강생 자신들의 이야기인지를 설명해야 한다. 한 학기 15주는 긴 시간이다.

마들렌을 홍차에 적셔 먹는 이야기는 작품 서두에 바로 나오는 것도 아닌데다 요즘 학생들에게는 안 먹힌다. 신비로운 과자도 아니고 요즘은 아무데서나 볼 수 있는 흔한 것이다. 『스완의 사랑』까지 읽고 왔지만 이들이 감동 받고 강의실에 와 있다고 방심하면 큰일 난다. 작품 서두에서 일인칭으로 어린 시절을 회고하는 화자 주인공에게 들어앉은 사랑의 본질을 설명해야 한다. 사랑은 늘 먹힌다. 그녀 가족과 내 이야기가 존재하는 이 특별한 시공이 만일 그녀를 위한 것이라면, 그녀와 주인공 자신이 태어나기 이전의 그녀 부모의 만남과 사랑이 죄다 우리 주인공에게 선명하게 포착될 수 있다는 마법을 설명해야 한다.

사랑에 빠진 우리 주인공이 갑자기 자신과 그녀의 탄생 신화를 쓰기라도 할 태세로 자신들이 태어나기도 전의 세상을 그려내는 이유를 설명해야 한다. 이때 자신 안에 있는 자타의 복수의 의식들이 만드는 언어 이미지의 메커니즘을 살짝 흘린다. 소중한 그녀의 아버지가 했던 사랑 이야기를 우리 주인공 화자는 뜬금없이 『스완의 사랑』이라는 형태로 창조해냈고 그것은 이 소설의 일부이면서도 동시에 '소설 속 소설' 같은 현실로 구현되어 이 작품의 창작자는 소설 안팎에 동시에 존재 가능한 작자로서 결코 이미지를 갖지 못하는 형식이며 기능임을 설명한다. 이 과정에서 우리 수강생들이 첫 주에 읽고 온 내용 중 그 부분만 주로 3인칭으로 씌어졌음을 느끼지 못하고 교실에 와 있다는 반응을 무리해서라도 유도해 낼 필요가 있다. 그녀 아빠의 이야기로 일시적으로 창작의 기쁨을 맛본 화자가 다시 천연덕스럽게 1인칭 회상으로 돌아와 이야기를 이어 나가는 장면. 바로 이 장면을 인간 언어예술 역사상 가장 멋진 장면 중 하나로 설명해야 하는 순간이다.

자, 우리 주인공은 어린 시절 자신의 회상 속에서 잠시 자신의 이야기이지만 자신이 살아본 적이 없는 시공간에 대해 그것도 마치 작가라도 된 것처럼 3인칭으로 '창작'을 하고 다시 회상의 주체로 돌아와 있네요. 우리는 모두 이 흐름 속에서 어떠한 단절도 이질감도 느끼지 못하지요. 하지만 이어지는 소설 내용에서 다시 1인칭의 어린 소년으로 돌아온 주인공이 공원에서 그녀와 놀고 있는 장면으로 이어지는 스토리 라인에서(지금 이 모든 내용은 우리 주인공 말년의 회상 속 의식의 흐름을 언어화한 것임을 잊지 말자), 마침 그녀를 데리러 온 그녀의 아빠가 그녀와 주인공이 놀고 있는 장소로 다가오는 장면. 이 순간의 스완은 문자 그대로 진정한 의미에서 '만찢남'이다. 주인공이 만든 소설에서 나온 인간. 소설론으로 진입하는 감동의 장면이다.

『돈키호테』, 『마담 보바리』, 『안나 카레니나』로 이어지는, 소설에서 나와서 소설로 들어가는 인간들의 계보가 제시된다. 소설을 읽다가 미친 작중인물들이다. 스완의 사랑에 관한 삽입 작품의 이전과 이후는 전혀 다른 세상이다. 지금 저 소녀 질베르트의 아빠는 우리 주인공의 소설에서 등장했던 작중인물이었다. 학기 초 이 대목에서 계단식 강의실 수강생 백 여 명은 얼음이 된다. 소설 읽다가 미친 철학자 돈키호테가 자신이 소설 속 인물로 그려질 미래를 상상하다 못해 마침내 자신들이 등장하는 내용을 읽은 귀족들에게 초대받는 이야기. 그 소설의 상편과 하편의 전환은 바로 프루스트에 의해 이렇게 변주 된다는 설명. 자신들의 연애소설 독서 체험과는 달리 자신들의 연애가 소설과 많이 달라서 당황하는 보바리와 안나. 그들의 계보가 어떻게 나보코프의 롤리타와 오에 겐자부로의 주인공들에 의해 변주되거나 오마주 되는가에 대한 설명. 거대한 시간 속에 살아 숨 쉬는 작중인물들의 생생함과 선명함. 이 대목에서 성서 기록의 원리, 말의 육화에 관한 설명을 슬며시 얹어 본다. 강의는 슬슬 궤도에 오른다. 이제 아무도 3000쪽을 다 읽을 때까지 도중에 내릴 수 없다.

"여러분은 허투루 이 3000쪽을 읽는 것이 아니라, 우리가 이 우주 안에서 단순 인간이 아니라 '말하는 인간'으로 살아가고 있다는 원리를 이해하고 '읽는 인간'이 되어 어떻게 자유로운 영혼이 되고 어떻게 사유해야 하는지를 고민하게 됩니다." 우리의 존재 조건은 오직 소설 속의 말을 통해서만 재현되고 기록될 수 있다는 진정한 의미에서 삶의 본질에 진입하고 있다고 환기하기도 한다. 프루스트가 초반부터 보여주는 사유는 소설의 기원에 대한 것이고, 태초에 말씀이 있었고 그 전에도 그 후에도 인간은 스스로의 존재확인을 오직 소설적 사유를 통해서, 거대한 시간 속에서 자신들의 불멸을 믿는 언어를 심고 듣고 낭독하면서 폭력과 권력을 견디어 냈다는 설명. 왕가위의 〈화양연화〉라는 소설론을 소개하면서 왜 두 연인은 고기를 썰고 춤을 추며 소설을 읽고 소설을 쓰는 작중인물로 그려지는지, 대나무 숲의 언어는 왜 영원한 시간에 기록되는 소설의 언어인지를. 〈기생충〉이라는 소설론은 왜 영화로 제시되었는지. 그 두 작품 모두에서 상승과 하강은 왜 필요했는지.

이것은 『스완의 사랑』 부분 전후 강의실에서 난무하는 내 설명의 한 대목이다. 이제 겨우 작품 서두에 있다. 이런 식으로 기말까지 밀고 나가는 일은 지난의 작업이다. 소크라테스와 플라톤의 대화편에서부터 시작해 아리스토텔레스의 시학 비판을 일삼는다. 소설이라는 비평적 언어를 설명하기 위해 '주인과 하인', 시적언어론과 형식의 문제, 소쉬르 비판은 물론 카니발적 언어가 소설로 들어오는 원리 등이 후렴구처럼 반복된다. 뭔가 지루한 강의를 수동적으로 듣고 있는 것이 아니라 자신들이 그 이상의 중요한 것을 매주 능동적으로 읽고 있다는 기분에 들뜨게 만들어야 한다. 그리고 마침내 학기의 마무리는 늘 '프루스트의 도스토옙스키'가 된다.

왜 프루스트는 마지막 소설의 대단원에 가서야 그것도 알베르틴에게 침대 위에서 건네는 이야기 내용으로 자신의 도스토옙스키 소설 체험을 풀어낼 수밖에 없었는지. 작자와

작중인물 그리고 서술자와는 별개로 이 소설 형식에 최종적인 통일성을 부여하는 주체로서의 창작자까지도 동일한 인물이 되게 하는 최고의 자서전으로 구현된 소설에 대하여. 게르첸의 회고록. 『가면의 고백』(미시마 유키오)이나 『타인의 얼굴』(아베 코보)이라는 창작이 만들어낸 서술자의 언어 탐구는 프루스트의 서술자와는 어떻게 다른지. 프루스트가 구축해 낸 전무후무한 자서전 형식은 왜 최상급의 도스토옙스키론이라 평가할 수 있는지. 이러한 이야기들이, 프루스트 사후 이 소설이 왜 일곱 권 편성으로 출판되었는지에 대한 장황한 설명의 가면을 쓰고 등장한다.

다양한 교양과목 중에서 나의 '세계문학 감상여행'을 선택하는 학생들은 매년 평균 120~150명 정도이다. 우연하게 선택된 작품과 번역판이지만 그 작품들이 그대들의 독서라고 하는 '능동성'으로 새롭게 의미를 생성하게 된다고 강조한다. 우리가 타자에게 작중인물이고, 타자가 우리의 창작자가 되는 원리. 작자의 능동성과 작중인물의 능동성이라는 것은 우리 삶의 능동성과 타자 이해의 능동성이 만드는 공존과 상호작용에 대한 생생한 체험이고, 우리가 그래서 소설로 재현된 삶의 언어를 통해 거대한 시간과 연결되고 우주의 작중인물들과 소통할 수 있게 된다는 주장을 반복한다. 한강의 작품은 타자의 언어, 타자의 문화에서 번역 소개될 때 비로소 최초로 존재하기 시작한다는 주장에 학생들은 놀란다. 우리가 프루스트, 볼라뇨, 핀촌의 최초의 독자들이라는 것이다. 학생들은 소설 섭취와 인생 솜씨 키우기의 상관성에 대해 배워가는 것이다.

해마다 전공(러시아문학과 대학원 폴란드어 강의 등)과 교양('세감행' 및 중부유럽론), 그리고 내가 진정 '애정했던'(세상 이상한 단어들이 참 많은데 딱 한 번 이 단어를 꼭 써보고 싶었다!) 대학원 '비교문학협동과정' 수업들(소설의이론, 라블레론, 도스토옙스키론, 슬라브문학론, 카니발과그로테스크, 폴리포니와카니발, 소설의시공간론, 서사시와소설론, 작자와작중인물론, 단편소설론, 언어철학론 등 10여 과목)을 포함하면 지난 30년 연대에서만 무려 200 과목 이상을 강의했다. 그것들은 어찌 보면 나의 종이 애무의 역사이고, 모든 순간이 죄다 '센티멘탈 저니'(感傷旅行)라 하겠는데 결국 이 모든 것이 이러한 다섯 번의 프루스트 강의로 수렴되는 잠깐의 세월이었다는 느낌이다(이글은 감상적인 엔딩이어야 한다).

프루스트 강의가 도스토옙스키론으로 마무리된다고 했는데, 말하자면 프루스트를 읽었으니까 이제 여러분은 그 어렵다는 『악령』과 『백치』와 『미성년』과 『죄와 벌』의 작가를 읽어보면 어떠냐고 유혹한다. 때로는 라블레, 도스토옙스키, 프루스트 독서가 얼마나 많은 위대한 작가들을 탄생하게 했는지 하며 최애 삼총사를 묶어 본다. '북미의 라블레' 핀촌의 명작들을 소개하면서 약을 팔고("여러분 저는 여기 신촌골의 핀촌이랍니다" 혹은 "세계문학 강의 때만 입는 이 그로테스크한 광대복장의 비밀과 바웬사라는 인물의 관계를 여러분에게만 알려 드립니다") 동시에 '남미의 라블레' 볼라뇨의 장편 〈2666〉을 소개하고, 도스토옙스키 독해의 거장들을 차분하게 다시 나열한다. 끝으로 프루스트의 영향력에 관해서는 그의 동시대 거장들까지 뒤흔들었던 사연들을 강조한다.

냉전 시기 1950년대 후반, 나보코프의 『롤리타』 그리고 곰브로비치의 『포르노그라피아』와 거의 동시에 번역돼 전세계 독서계를 강타한 『의사 지바고』의 파스테르나크이 사실은 소설가이기 이전에 위대한 시인이며, 그가 죽기 전 미출간으로 남겨둔 마지막 시집이 프루스트에게 헌정되었다는 이야기. 노벨상을 거절하고 한적한 자연 속에서 말년을 보내면서 그가 기록한 한편 한편이 잃어버린 '시절들'의 묘비명이었다는 해석까지 더해서, 이 위대한 세 편의 소설책을 실물로 보여주면서 마무리한다. 파스테르나크의 장편에 살아 숨 쉬는 프루스트의 영향과 소설 장면들에 나타난 프루스트 오마주 설명은 참고 삼킨다. 과유불급이기에. 대학원에서는 이 세 작가가 모두 도스토옙스키와 프루스트의 독자들인 이유를 설명한다. 그리고 여기에서도 프루스트의 도스토옙스키 독해로 마무리. 학부생들에게는 후자의 작중인물들이 어떻게 프루스트에 재림하는지에 대한 서프라이즈 엔딩도 준비돼 있다.

카라마조프 만세! 프루스트의 우리 주인공 마르셀이 말년에 드디어 쓰기 시작하는 작품에서 도스토옙스키 마지막 장편에 담긴 소년들의 함성 소리가 울려 퍼진다. 해변의 소녀들은 베네치아 성당의 그림 속으로 들어가고, 자전거를 타고 언덕에 나타나는 알베르틴은 핀촌의 소설에서 부활한다. 나의 프루스트론은 세상 싱겁게 마무리될 것이다. 그 마무리의 핵심은 라블레, 도스토옙스키, 프루스트로 이어지는 영원한 삶. 잘도 속였다. 소설리스트 만세!

프루스트 소설에 나타난 중세적인 미덕*

* 이 글은 저자가 번역한 『잃어버린 시절을 찾아서』(펭귄클래식) 출간 당시 작품 설명에 사용했던 것으로 저작권자 및 출판사의 동의하에 수록합니다.

이형식

서울대 불어교육과를 졸업하고 파리 제8대학에서 마르셀 프루스트에 대한 연구로 석사·박사학위를 받았다. 현재 서울대학교 명예교수이다. 한국의 1세대 프루스트 연구자로 『잃어버린 시절을 찾아서』(전 12권)를 완역했고, 그외 빅토르 위고의 『레 미제라블』(전 5권), 『웃는 남자』 등을 번역하기도 했다.

중세(中世)

소년 시절부터 연모하였으나 가까이 다가갈 수 없었던, 그리고 중세 전설 속의 여인 주느비에브 드 브라방의 직계 후손이라고 상상하던, 게르망뜨 공작부인의 조카이며 자기의 친구인 쌩-루를 만나기 위하여 동씨에르에 간 주인공 마르셀은, 저녁마다 그와 함께 식사를 한다. 그리하여 어둠이 내려앉기 시작할 무렵이면 숙소를 떠나 식당이 있는 호텔로 향하는데, 그 도시 주교좌 대교회당 앞을 지나는 컴컴한 골목길에 들어서면, 옛날 메제글리즈로 이어지는 길에서 그랬던 것처럼, 욕망의 강력한 힘이 그를 붙잡아 걸음을 멈추게 하곤 한다. 그리고 그 욕망을 충족시켜 주기 위하여 당장이라도 여인 하나가 불쑥 튀어나올 것 같다. 그 고딕풍 골목이 그에게는 어찌나 실질적인 무엇을 간직하고 있는 듯 보이던지, 자기가 만약 그곳에서 여인 하나를 유혹하여 수중에 넣을 수 있다면, 자기와 그 여인을 결합시켜 줄 것이 '태고의 관능'이라고 믿지 않을 수 없고, 그 여인이 비록 평범한 매춘부라 할지라도, '겨울과 낯설음과 어둠과 중세가 그녀에게 자기들의 '신비'를 위탁하였을 것이라 믿지 않는 것 역시 불가능해 보인다(『게르망뜨 쪽』).

'낯설음'이란 곧 객지에 와 있음을 뜻하니 신분의 노출 위험이 사라지게 해주고, 따라서 사람들의 시선에 대한 의식 약화 내지 소멸 현상을 초래하여 은폐를 보장하며, 결국 '어둠'과 동질의 조건을 형성하여 준다. 프루스트의 작품 속에서는 어둠과 은폐가 프랑스의 중세를 신비롭게 보이도록 해 주는 특질들인 바, 중세는 곧 문명 즉 의식의 빛과 대치되는 무의식의 세계, 질료적 충동 혹은 질료의 순수 의지가 지배하는 세계로 인식된다. 그러한 측면에서 '태고의 관능'이라는 표현이 수긍되며, 주인공이 들어선 '고딕풍 골목길'의 몰사회적(沒社會的) 분위기가 '평범한 매춘부라 할지라도'라는 조건어의 설명 기능을 분명하게 해 준다.

쌩-일레르 교회당의 지하 납골당에 감도는 '어둠'이나 은폐된 공간에 대한 마르셀의 몽상이 직설적인 언어로 표출된 것은, 전쟁 중 빠리의 밤거리와 지하철 속에서다. 그는 바그다드의 까마득한 밤거리에서 모험을 찾아 헤매는 술탄 하룬-알-라쉬드를 뇌리에 떠올리면서, 잦은 공습으로 인해 칠

흑같이 어두워진 빠리의 밤거리로 빠져든다. 그에게는 빠리의 그 밤이 『천일야화』 속의 밤처럼, 그리고 쎈느 강이 보스포루스 해협처럼 — 네르발이 『라마단의 밤들』에서 묘사하고 있는 그 해협일 듯하다 — 여겨진다. 특히, 공습경보가 울릴 때마다 지하철 속으로 몰려 들어가는 와중에서, 어떤 사람들은 별안간에 덮쳐오는 어둠 자체의 유혹을 받는다(『되찾은 시절』). 심지어 그 어둠에 대해 느끼는 매력은 거의 무의식적이다. 따라서 어떤 이들에게는 감당할 수 없어 보이는 그 유혹이 일종의 새롭고 신비한 물질처럼, 그들로 하여금 쾌락의 예비단계를 아예 무너뜨려 버리고, 평소에는 상당한 시일을 요하는 애무의 단계에까지 쉽게 이르도록 해 준다. 욕구의 대상이 여자이건 남자이건, 또 접근이 용이할지라도, 보통 전초의식이 있게 마련이다. 그러나 어둠 속에 일단 잠기면 그 모든 진부한 의식은 무너져 버리고, 손과 입술과 몸뚱이가 먼저 자기들의 역할을 시작한다. 다시 말해, 어둠 속에서는 우리가 육체로서만 존재한다. 아니 '우리'라고도 할 수 없다. 마치 수면 세계 속에 내던져진 우리의 몸뚱이처럼, 혹은 스스로 눈을 감아 버린 애무 중에 있는 연인들처럼, 우리가 질료적 객체(客體)로 전락되어 있는 상태이니 말이다. 또한 의식이 자취를 감춘다는 점에서는 그 순간이,

『잃어버린 시절을 찾아서』의 골격 혹은 이정표 역할을 맡고 있는 주요 일화들(마들렌느 과자, 세 그루 노목들, 고르지 못한 포석들 등)에 이야기된 절대 유열의 순간과 다름없다.

어둠에 덮인 빠리 시가지를 배회하던 마르셀이 심한 갈증을 느껴 마실 것을 찾아 들어간 곳이 어느 호텔인데, 성도착자들이 즐겨 찾는 듯한 그곳에서 우연히, 암벽에 결박당한 프로메테우스처럼 철제 침대에 쇠사슬로 묶인 채 못이 듬성듬성 박힌 채찍으로 얻어맞고 있는 샤를뤼스 남작을 발견한다. 그리고 잠시 후 호텔 현관의 어둑한 구석에 은신하여, 호텔 경영자인 쥐삐앵과, 채찍질에 고용된 건장한 젊은이들, 그리고 조금 뒤에 그들과 합류한 샤를뤼스 등이 나누는 대화를 엿듣게 된다. 결코 끊어지지 않을 쇠사슬과 실한 채찍과 사나운 치장물만을 요구하는 샤를뤼스에게는, 남성적인 것에 대한 꿈과 십자가 처형대 및 봉건시대의 고문에 대한 그리움이 중세의 잔광처럼 남아 있는 듯한데, 그러한 샤를뤼스를 위하여 채찍질을 할 젊은이를 고를 때, 쥐삐앵은 건장하고 포악하다고 알려진 젊은이들만을 그에게 천거하며, 그들이 선원이든가, 푸주한이든가, 혹은 어떤 살인 사건에 연루되었다든가 해야만 만족스러워한다. 샤를뤼스의 그러한 기질 때문에, 그가 방에서 내려오기 전, 채찍질에 고용된 젊은이들이 자기들끼리 수군거리던 중, 그가 혹시 '도이칠란트 녀석'일지도 모른다는 이야기를 한다. 그의 선조들이 게르만족임은 물론—프랑스의 역대 왕가들이 모두 게르만족이었고, 따라서 나뽈레옹은 프랑스 대혁명이 게르만족을 상대로 한 갈리아인들의 투쟁이라고까지 말한 바 있다(『세인트 헬레나 회고록』)—샤를뤼스가 실제로 도이칠란트 병사들을 남성적 이상으로 생각한다. 그날 초저녁에도, 집을 나선 마르셀과 우연히 마주쳐 잠시 함께 거닐던 그가 마르셀에게, 도이칠란트 사람들이 남성답게 준비하는 동안 프랑스인들은 예술 애호 취향에 빠져 망가지고 있었다는 말을 한 바 있다. 또한, 축구 경기밖에 할 줄 모를 것이라 여기던 잉글랜드 병사들이, 도이칠란트 병사들에 못지않다고 하면서 마르셀에게 이렇게 말하기도 하였다. "그들은 그리스의 운동선수들이오, 내 말 이해하시지, 플라톤의, 아니 그보다는 스파르타의 젊은이들이오."(『되찾은 시절』).

도이칠란트 병사들을 찬양하는 샤를뤼스의 열혈 기질은, 마르셀 자신이 찬양조로 언급한 바그너의 '유기질적' 혹은 '내장과 같은' 작품 세계를 연상시킨다. 특히 지그프리트와 발퀴러들, 트리스탄, 이졸데 등이 『잃어버린 시절을 찾아서』에 등장하는데, 빠리 시가지를 폭격하는 도이칠란트의 비행사들을 가리켜 '성마른 요정들' 혹은 '발퀴러들'이라고 하는 마르셀의 시각 또한 샤를뤼스의 그것과 다르지 않을 듯하다. 여하튼 샤를뤼스의 그러한 기질은, 바그너의 작중 인물들처럼 그를 전락으로 이끌어 가는데, 그 전락이 프루스트의 작품 속에서는 과도한 팽배 끝에 닥치는 불가피한 폭발로 인식된다. 다시 말해, 바그너의 작품에 등장하는 지그프리트나 트리스탄의 파멸이 발할라의 절대신 보탄이나 사랑의 미약에 연유한 것이 아니고, 실은 그 인물들의 폭풍우 같은 기질에 말미암은 것처럼, 샤를뤼스의 전락 역시 그 시절의 사회적 제약 자체보다는 자신의 충족될 수 없는 욕구에 기인된 것이며, 결국 자신의 내부에 잠재해 있던 '광증'의 제물이 되어 버린 것뿐이다.

또한 중세는 태고의 자연 상태에서 문명기로 진입하는 과도기로 인식되기도 하는데, 그 대표적인 예가 르그랑댕 및 스완으로부터 발백 해변에 관한 이야기를 들은 후 마르셀의 뇌리에 그려지는 발백이다. "나는 그 어부들이 어떻게 살았을지, 그리고 중세를 거치며 죽음의 절벽 발치에 있는 '지옥의 해변' 어느 지점에 옹기중기 모여 시도하였을, 그 최초의 조심스럽고 갑작스러웠던 사회적 관계 정립 노력을 상상해 보려 하였다."(『스완 댁 쪽으로』). 비로소 조직된 사회생활의 여명기 혹은 의식의 개화기가 소년 마르셀에게는 중세처럼 여겨진다. 즉, 폭풍우의 무의식이 비로소 이성의 빛 가까이로 조심스럽게 접근하던 시기가 곧 중세처럼 여겨지는데, 그러한 중세의 성격을 짙게 간직하고 있는 인물들이, 쌩-일레르 교회당의 지하 납골당이나 채색 유리창의 인물화들에서 발견되는 전설들의 주인공들이다. 그들 중 대표적인 인물들이 메로베 왕조의 군주들과 왕비들인데, 채색 유리창의 그림 속에서 경건하게 합장을 하고 있는 그들의 치세가 유혈 낭자한 사건들로 얼룩져 있으며, 소년 마르셀은, 그것이 마치 프랑수와즈의 '부드러움과 경건함과 미덕들이 부엌 뒤의 비극을 감추고 있는 것과' 같다고 생각한다. 그리하여 야만과 문명 사이에서 오락가락하던 중세의 왕들이나 왕비들뿐만 아니라, 프랑수와즈나 떼오도르 등 꽁브레의 기타 순박하되 꾀바른 주민들 역시, 그곳의 교회당들과 함께 프랑스의 중세를 대변하는 것처럼 보인다.

프랑수와즈와 고대 이스라엘의 율법

지극히 이질적인 역사적 사건들이나 외견상 무관한 듯 보이는 사물들을 뒤죽박죽 섞어 쌩-앙드레-데-샹 교회당에 조각해 놓은, 어느 중세 조각가의 혼이 곧 프랑수와즈의 혼일 것이라고 생각하는 주인공 마르셀에게는, 그녀가 복잡하여 이해되지 않는 프랑스의 유구한 전통 그 자체로 보인다. 그녀의 모습은, 장구한 세월 동안 특정 민족이나 고장에서 일상생활에 젖어들어 면면히 전해오는 민요나 속담 등을 연상시키기도 한다. 역사적 자양과 토양을 흡수하며 성장한 듯한 그녀의 특성은, 즉 프랑스의 중세 전원적 특성은, 무수한 정치적 격랑이나 다양한 외래 문물의 유입을 겪으면서도 크게 변하지 않은 것 같다. 오히려 외래 문물이나 까마득히 먼 이방의 정서조차도, '프랑수와즈'라는—옛 철자대로 읽으면 그 이름이 곧 '프랑스 여인'을 뜻한다—토양에 뿌리를 내려 그것에 적응하고 동화된 듯하다. 훗날 그녀가 꽁브레를 떠나 마르셀의 가족과 함께 빠리에서 살게 된 이후에도, 각양각색의 외래 문물이 끊임없이 뒤섞이는 그 대도시에서도, 자신의 그 '꽁브레적인' 특성을 간직할 수 있었던 것은 그러한 특성 때문일 듯하다. 그녀에게서 언뜻 발견되는 것은, 세월 따라 변천을 거듭하는 각종 시류 속에서도 흔들리지 않는 기층민의 자존심 비슷한 무엇이다. 그녀는 유구한 역사의 지속 그 자체이며, 프랑스의 어느 학자가 한 말처럼, '태고의 생존자'이다. 그녀 속에는 '유구하며 고결한 그러나 제대로 이해되지 못한 프랑스의 과거'가 숨어 있다(『스완 댁 쪽으로』).

꽁브레의 레오니 숙모님 댁에서 스완 씨를 만찬에 초대한 날 저녁, 식당에서조차 엄마의 키스를 받지 못하고 침실에 올라와, 도저히 잠을 이루지 못하고 뒤척이던 어린 마르셀은, '편지를 통해서는 말씀드릴 수 없는 중대한 일이 있으니' 자기의 방으로 올라오시라고 간청하는 편지를 쓴다. 하지만 그 편지를 프랑수와즈로 하여금 엄마에게 가져다 드리게 하려는 순간, 프랑수와즈라는 인물 자체가 넘기 지난한 장애로 부각된다. 그녀에게, '행할 수 있는 일과 행하여서는 아니 되는 일에 관하여, 포착할 수 없거나 쓸데없는 판별 기준에 입각한 거역할 수 없고, 복잡하고, 까다롭고, 완강한 준칙'이 있음을 잘 알고 있기 때문이다. "그리하여 그 준칙은, 엄마의 젖꼭지에 매달린 아이들을 학살하라는 명령을 내리는가 하면, 동시에 섬세함을 과장하면서, 어미의 젖에 새끼 염소를 삶는다든가 혹은 짐승의 넓적다리 힘줄 먹는 행위 등을 금지하는 태곳적 율법을 닮았다." 태곳적 율법이란, 모쉐가 태어났을 때, 그리고 예수가 태어났을 때, 이집트의 파라오 및 유대의 헤롯 왕이 저지른 짓이나, 야훼가 야곱과 밤새도록 씨름하던(싸우던) 중, 자기가 도저히 이길 수 없음을 알고 야곱의 엉덩이 움푹한 곳을 쳐서 그에게 부상을 입혔다는 기이한 이야기를 가리킬 듯하다.

프랑수와즈의 그 '완강한 준칙'은 세속적 '법률'을 대하는 태도에서도 나타나는데, 그녀는 그것을 '생사의 법칙'보다도 더 불가피한 절대명령으로 여긴다. 법률이라는 것이 누구나 준수해야 할 계약이라는 공민의식에서 그러한 생각이 태동하였을까? 그랬을 가능성은 매우 희박해 보인다. 오히려 그것을 일종의 습성으로 간주하는 것이 더 타당할 듯하다. 즉 그녀의 그러한 태도는, 야훼의 명령에 따라 순순히 황야를 헤매던 고대 이스라엘 지도자들의, 고령에 이르러 얻은 아들 이사악을 묵묵히 불더미 곁으로 끌고 가는 아브라함의, 혹은 검과 종교를 교묘히 혼합시켜 절대 권력을 휘두르던 무수한 폭군들 치하에서 근근이 생존해 온 프랑스 기층민의, 무의식적으로 생성된 습성일 수 있다.

또한 절대권을 행사하던 상전의 눈치를 살피며 목숨을 부지할 수밖에 없었던 피지배자의 처절한 식별의지가, 일종의 유전인자처럼 그녀에게 남아 있을지도 모른다. "그녀는, 우리의 것보다 훨씬 강력한 감각기관을 가지고 있던 원시인들처럼, 우리에게는 포착되지 않는 징후들에 입각하여, 우리가 자기에게 감추려 하던 진실의 전모를 식별해 내곤 하였다." 그런데 태곳적 원시인들의 감각이란, 그것이 문명에 의해 퇴화되지 않은 상태의, 즉 원초적 질료의 상태에 있는 개체의 감각이다. 따라서 그러한 개체가 드러내는 예민성, 포악성, 열정, 부드러움 등은 모두 '생명'이라는 미분화 상태에 혼합되어 있어, 그것들을 구분하여 각각에게 어떤 가치를 부여하는 것이 무의미할 것이다. 만삭이 된 부엌데기 소녀로 하여금 그녀가 그토록 괴로워하는 아스파라거스 껍질 벗기는 일을 떠맡기거나, 날카로운 칼로 닭의 귀 밑 목을 따서 죽이면서 '더러운 짐승'이라고 욕을 퍼붓는 등, 프랑수와즈가 드러내곤 하는 잔혹성과 그녀에게서 발견되는 부드러움이나 경건함은, 기실 '원초적 생명' 속에 아무 갈등 없이 어우러져 있는 지극히 자연스러운 요소들일지 모른다. 따라서 그녀가 소유하고 있는 감각 능력의 원천은 순수한 질료적 관성 내지 범우주적 본능에서 찾아야 할 것 같다. 또한 어떤 나무의 가지나 잡목 숲 혹은 농로 위의 조약돌, 미나리아재비 꽃, 석양 어린 지붕의 곡선 등, 숱한 사물들 속에 감추어 있을 신비를 '인상'의 형태로 느끼곤 하는 마르셀은 물론, 땅송빌 언덕에서 그를 사로잡는 듯한 질베르뜨의 야수적인 시선과 그것을 감지하는 마르셀의 육체, 오랜 세월이 흐른 후 빠리에서 우연히 마르셀과 마주쳤을 때, 그가 누구인지 몰랐으나 일찍이 땅송빌에서 느꼈던 욕구가 되살아나 그를 알아볼 수 있었노라 고백하는 질베르뜨의 육체(『되찾은 시절』), 샤를뤼스의 시선 앞에 엉거주춤 얼어붙는 쥐삐앵(『소돔과 고모라』) 등이 드러내는 유사한 반응 역시, 그러한 질료적 혹은 선택 친화력의 작용일 듯하다.

물론 프랑수와즈의 그러한 야수적 감식력이 '사실'과 '증거'를 중시하는 일반 지식인들에게는 경계의 대상이 될 수 있다. 그러나 감성을 지성의 우위(優位)에 놓지 않을 수 없다는 프루스트로서는(『쌩뜨-뵈브 논박』), 프랑수와즈라는 태곳적 여인에게서 예술가의 불가결한 특질을 발견하였을지도 모른다. 그러한 프랑수와즈의 특질을 간직하고 있는 또 다른 인물들이, 프랑스 중부 지역의 어느 높은 산발치를 스치며 지나가는 냇가에서 태어난 마리 지네스뜨 아가씨와 쎌레스뜨 알바레 부인이다. 다만 그 두 자매의, 특히 쎌레스뜨의 언어는 자연을 그대로 옮겨다 놓은 듯 풋풋하고 싱싱하다. 쎌레스뜨는 이제 막 잠자리에서 일어난 마르셀을 두고 이렇게 말한다. "오! 어치의 머리카락 수북한 검은 아가 마귀, 오! 심오한 짓궂음! 당신의 모친께서 당신을 만드실 때 무슨 생각을 하셨는지 모르겠군요. 당신이 새 같으니 말이에요. 저것 좀 봐, 마리, 그가 자기의 깃털을 매끄럽게 가다듬고 유연하게 고개를 돌린다고들 하지 않겠어?"(『소돔과 고모라』). 그러한 두 여인에 대한 주인공의 술회는 이러하다. "나는 일찍이,

그토록 기꺼이 무식하고, 학교에서 전혀 아무것도 배우지 않은 사람들을 만나본 적이 없었으나, 그녀들의 언어가 어찌나 문학적이었던지, 어조에 감도는 거의 야만적인 자연스러움이 없었다면, 누구든 그녀들의 말이 짐짓 꾸민 것이라고 생각하였을 것이다." 그녀들 또한, 성왕 루이 9세와 개인적 친분이라도 있었던 듯한 어투로 이야기하는 프랑수와즈처럼, 당시에 상당한 명성을 누렸을 시인 쌩-쟝 뻬르스(쌩-르제 르제, 1887~1975년)의 시 몇 구절을 대강 읽고 나서 마르셀에게 이렇게 말한다. "하지만 이것들이 정말 시라고 확신하나요? 시라기보다는 수수께끼 아닌가요?" 예를 들어 쌩-쟝 뻬르스의 이러한 작품을 접하면 쎌레스뜨의 말에 누구나 수긍할 수 있을 것이다.

> 그대 화분 속에 심었노라, 그대의 염소 가죽 정장에 머물던
> 자주색 씨앗을.
> 그것이 결코 싹트지 않았노라.

『찬사들』(1911년)이라는 시집에 실린 「씨앗」이라는 작품이다. 학교에서 무엇인가를 좀 배웠다는 사람들이나 '기꺼이 무식하기로' 작정하지 않은 사람들은, 결코 쎌레스뜨처럼

의문을 제기하지 못할 것이다. 마르셀 역시 '감탄할 만하지만 모호한 시'라고 하면서, 쎌레스뜨의 견해에 동감한다는 뜻을 넌지시 드러낸다. 마르셀에게는 쎌레스뜨나 프랑수와즈가 태고의 야만적인 자연스러움과 그것에 기인된 감식력을 간직한, 즉 독창적인 예술가의 특질을 갖춘, 그리하여 매우 진귀하고 소중한 인물들로 여겨졌을 것이다.

나의 프루스트

초판 1쇄 발행 2026년 1월 30일

지은이 김주원 백로우 봉준수 오선민 유예진
윤혜준 이형식 최건영 최미경 최양현
펴낸이 조미현

책임편집 박이랑
디자인 엄윤영
마케팅 이예원 공태희
제작 이현

펴낸곳 (주)현암사
등록 1951년 12월 24일 (제10-126호)
주소 04029 서울시 마포구 동교로12안길 35
전화 02-365-5051
팩스 02-313-2729
전자우편 editor@hyeonamsa.com
홈페이지 www.hyeonamsa.com

ISBN 978-89-323-2477-7 (03800)